社会とつながる
プロジェクト型学習ワークブック

関東学院大学高等教育研究・開発センター 編
高木航平・吉田広毅 著

関東学院大学出版会

はじめに

　現在、大学ではさまざまな形の問題解決学習やプロジェクト型学習（以下、PBL）が導入されています。本書は、大学の授業や課外活動でおこなわれるPBLに取り組む際に役立つ、ワークブック形式のガイドとして構成されています。主に学部1年生と2年生、またはPBLの経験があまりない学生を対象としています。本書は関東学院大学の教員2名が執筆しており、一部は関東学院大学における社会連携やPBLの実例に触れています。とはいえ、基本的にはどの大学の学生でも使える内容になっていると思います。

　本書の構成について説明します。第1部では、大学での社会連携とPBLに関する近年の動向や理論的背景、チーム作りや問いの設定といった事前準備を扱っています。第2部と第3部は、「知る」、「みる」、「考える」、「働きかける」、「振り返る」という社会連携教育の枠組みに基づいて展開されます（詳しくは第1章を参照）。

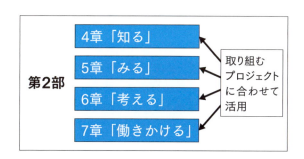

　調査（知る）や視察（みる）を通じて得た知識を基に、企画や提案を考察（考える）し、実際にそれを実行する（働きかける）という、PBLの一連の流れをたどる構成になっています。一方で、大学で取り組むプロジェクトは、このうちの特定の要素のみを扱う場合も多々あります。その場合は、第2部の適当な章やワークを選択して活用いただければと思います。

　本書が、皆さんのプロジェクトや学びを支えるとともに、社会とつながる学びの意義やりがい、そして責任を知るための一助となれば幸いです。

目次

はじめに　3

第1部　準備編

第1章　社会と連携した学びとは　8
❶ 社会連携教育の意義　8
❷ KGUにおける「社会連携教育」のコンセプトと、PBLの位置づけ　11
❸ PBLとは　14
❹ PBLの基本的な流れ　14

第2章　プロジェクトの準備①　チーム・ビルディング　20
❶ グループワークのグラウンドルール　20
❷ チーム・ビルディング　21
❸ チームでの協働を円滑に進めるために　28
❹ その他のリソースの確認　29
❺ 連携先について調べる　30

第3章　プロジェクトの準備②　テーマの検討と事前調査　32
❶ 「問い」の検討（第一段階）　32
❷ 事前調査　37
❸ 問いの検討（第二段階）　47

第2部　実践編

第4章　プロジェクトの進め方①　社会を「知る」　52
❶ 現場の声から現状を知る　52
❷ データの種類　52
❸ 主要な調査手法　53
❹ 調査手法の選び方　55
❺ インタビュー調査の進め方　58

❻ 個人情報保護についての注意　72
❼ より詳しく知るために　73

第5章 プロジェクトの進め方②　社会を「みる」――74
❶ 観察や体験から学ぶ　74
❷ 手法としての「みる」プロジェクト　74
❸ 「みる」プロジェクトの準備（スタディツアー）　76
❹ 研修記録の取り方　80
❺ 「みる」プロジェクトにおける倫理の問題　84

第6章 プロジェクトの進め方③　社会について「考える」――88
❶ データから考える　88
❷ 質的データ分析の手順　89
❸ 分析結果のまとめ　94
❹ 課題に向けた提案の検討　95

第7章 プロジェクトの進め方④　社会に「働きかける」――98
❶ 課題解決に向けたアクション　98
❷ なぜ「働きかける」のか　98
❸ 「働きかける」プロジェクトの例　99
❹ 「働きかける」プロジェクトの実行準備　101
❺ プロジェクトの実行　108

第3部　総括編

第8章 プロジェクトを「振り返る」――112
❶ 自身の経験の振り返り　112
❷ プロジェクトの評価とフォローアップ　115
❸ プロジェクトの成果報告　117

参考文献　127
巻末資料（①6色ハット法　②シンキングツール）　129

第1部

準備 編

第1章 社会と連携した学びとは

　現在、大学では、公開講座や産官学連携、国際交流など、さまざまな形で社会とつながる教育をおこなっています。

　大学等の高等教育機関が社会とつながる重要性を意識するきっかけとなったのは、2005年1月28日に発表された、中央教育審議会「我が国の高等教育の将来像（答申）」とされます。ここでは、教育、研究に続く**大学の「第三の使命」**として、「地域社会・経済社会・国際社会等、広い意味での社会全体の発展への寄与」、つまり社会貢献が位置づけられました。また、同答申では、「教育や研究それ自体が長期的観点からの社会貢献である」として、「国際協力、公開講座や産官学連携等を通じた、より直接的な貢献」の必要性が強調されました。

　こうした流れを受けて、2006年に改正された教育基本法、2007年に改正された学校教育法において、大学の役割として、教育・研究の成果を「社会に提供し」、「社会の発展に寄与する」ことが定められました。以来、政府が発表する文書において、幾度となく社会とつながる教育の重要性が指摘されています。最近では、2024年8月8日に発表された、中央教育審議会大学分科会高等教育の在り方に関する特別部会「急速な少子化が進行する中での将来社会を見据えた高等教育の在り方について（中間まとめ）」において、大学が教育と研究の両面において、社会および地域と接続・連携し、地域の発展に貢献することが強調されています。

　第1章では、近年、日本の大学において重要性が高まっている、社会と連携した学びについて概説します。本章のゴールは、社会連携教育の意義と主な学習形態を知ること、そして、社会連携教育のひとつの学習方法であるPBLの流れを理解することです。

❶社会連携教育の意義

◉学習者にとっての社会連携教育の意義

　私たちは社会に出ると、さまざまな課題に直面します。そうした課題を解決するために色々な仕事が存在しますし、必要な知識や技術を身につけます。お腹が空いている人がいれば、食事をつくって提供する仕事が必要になりますし、安全で健康な食事をつくるには栄養学等の知識が必要となります。ただし、教室で重要な理論や学説を学んでいても、な

かなか社会やそこでの課題を意識することができません。そこで、社会に出て、社会をみて、実際の社会を知ることが必要となります。私たちは、教室で社会の実例や抽象化された社会について学びますが、実社会の様子や社会の課題は、社会に出て、社会をみてみなければ分かりません。

それでは、単に社会に出て、社会をみれば良いのかというと、そうではありません。何の知識や教養もなく、ただ社会に出るだけでは、そこでの課題を見出すことができないでしょう。例えば、タイ・バンコクのまちを歩いていますと、いたるところにストリートフードの屋台がみられますが、何の予備知識もないと、あるいは日本での屋台の感覚で捉えると、「色々なおいしいものが安く食べられて楽しい」で終わるかもしれません。ところが、タイの都市部への人口集中や経済格差、最低賃金、家賃の高騰などの社会・経済的状況、特に首都圏部における外食・中食が多い食生活、それにともないキッチンのないアパートが多い住環境、共働き世帯や副業の増加などタイの生活文化に関する知識が備わると、見え方が変わってきて、そこに課題を見出すようになります。すなわち、社会における課題に気づいたり、課題を見出したりするには、課題を捉える視点が必要であり、課題やその意義を理解する新たな教養や専門的知識が必要となります。このように教室での学びと社会での学びは相互作用しながら、深まっていくのです。

特に、現代の社会課題は多様かつ複雑になっていますので、ひとつの専門、ひとつの授業での学びだけでそれを解決することは難しくなっています。例えば、ある都市で外国人住民が増え、多文化共生に関する課題が生じたとします。こうした課題の解決には、生活に必要最低限の情報を手に入れるための「やさしい日本語」や多言語対応等の言語教育や言語学の学び、暮らしやすいまちを作るための社会学や国際開発学の学び、そこでのルールづくりに係る法学や政治学の学びなど、さまざまな視点、さまざまな学びが必要となります。そこで、多様な背景や専門性をもつ学生が協働し、社会と関わる中で社会の課題を発見したり、その課題の解決に向けて取り組んだりする、「社会連携教育」が重要となります。

◉「学び」のプロセスにおける社会連携教育の意義

アトキンソン（John William Atkinson）は、学ぶ意欲を「期待」と「価値」の関数によって説明する、**期待価値理論**を提唱しました（Atkinson, 1957）。「期待」とは、取り組もうとしている目標がどの程度の確率で達成できそうか、求めていることが得られそうかという見込みを指します。誰しも、身につけている知識やスキルからかけ離れた目標には挑む気

にならないでしょうし、2年間続けて1日23時間勉強するなど負担やタスクが大きい目標にも挑戦しないでしょう。一方、「価値」とは、取り組もうとしている目標や求めていることがどれだけ自分にとって魅力的であるかという評価を指します。たとえ目標を達成したとしても、得るものが少ない、魅力が少ないとなれば、挑戦をしようとは思わないでしょう。期待価値理論では、意欲を期待と価値の掛け算で説明しています。すなわち、期待または価値の片方が高かったとしても、もう片方がゼロであった場合、やる気は起こらないわけです。

　アトキンソンの期待価値理論などを発展させ、ケラー（John M. Keller）は**ARCSモデル**とよばれる動機づけモデルを提唱しました（Keller, 2010）。ARCSモデルでは、学習意欲の問題と対応を、「面白そうだ」という注意（Attention）、「やりがいがありそうだ」という関連性（Relevance）、「やればできそうだ」という自信（Confidence）、「やってよかった」という満足感（Satisfaction）の4つに分けています。このうち、関連性（Relevance）が「学ぶ意義」にかかわる要素で、ケラーは関連性を高めるには、学習者の経験や生活と結びつけた学びを提供すること、学習者の将来や現代的な価値と結び付けた学びを提供すること、学習者のニーズや好みと合った学びを提供することが重要であると述べています。

　「社会連携教育」では、教室において、社会の現状を知るとともに、社会を捉えたり分析したりする視点や考え方を学びます。そうして身につけた社会に関する知識や理解をもとに、社会に出て社会をみることで、教室で学んだことがどのように実社会で具体化されていて、社会やそれを取り巻く人々にはどのような課題があるのかを学びます。社会から教室に戻ると、社会課題の解決に必要な専門的な知識やスキル、考え方などを学ぶとともに、いかに自分たちが暮らす社会や自分たちの生活を豊かかつ持続的なものにできるかをチームで考えます。このように、教室での理論的な学びと社会での実践的な学びを往還しながら協働的に学ぶ「社会連携教育」は、教室での学び、社会での学び、双方の価値を高め、学ぶ意欲を高めます。

　教室で理論や学説を学んでいるだけですと、そうした理論や学説が私たちの生活や社会にどうつながるのかが分からず、その重要性が理解できなかったり、学ぶ気にならなかったりすることも少なくないのではないかと思います。しかしながら、「社会連携教育」では、学ぶことが自分たちの暮らす社会、自分たちの生活や将来につながっていますので、学習者が学習の価値や意義を見出しやすいといえます。

❷ KGUにおける「社会連携教育」のコンセプトと、PBLの位置づけ

⊙ 社会連携「教育」とは

　社会とつながる教育活動はいまや、公開講座や出前授業、サービス・ラーニングなどの形でどの大学でもおこなわれています。そうした「社会連携活動」と「社会連携教育」とはどのような点で異なるのでしょうか。

　まず、「教育」とは、教育基本法第六条や大学設置基準第七条などに規定されているように、組織的、体系的な営みです。教育とは誰か一人が自由におこなうものではなく、一定の計画に基づき、適切な役割分担のもとにおこなわれるものです。ついで、「教育」とは、継続的な営みです。その意味で、一回きりのイベントは教育とはいいません。

　すなわち、「社会連携教育」とは、年間計画や教育課程に基づき、大学や学部・学科等の単位で組織的・継続的におこなわれる、社会とつながる教育であるということができます。組織的・継続的な営みであるから、さまざまな人が関わり、多様な視点での学びが実現しますし、ある科目で学んだ科目が別の科目で活かされるなど学びが発展していきます。

⊙「社会連携教育」の枠組み

　社会と連携した教育にはどのような形があり、社会連携教育は何をねらいとしているのでしょう。地域とつながる教育・学習（Community-Based Learning：CBL）を推進するアメリカのワシントン＆リー大学のCBL室は、CBLを次の4つの学習形態に分類しています（Office of Community-Based Learning, 2024）。

- 地域連携セミナー（Community-Partnered Seminars）：企業や自治体等による講義を受けたり、企業や自治体等を地域の課題について議論したりする教育活動
- 現場型活動（Site-Based Activities）：大学で学んだことをもとに、企業や施設等の現場において社会活動を観察したり、体験したりする教育活動
- 地域密着型研究（Community-Based Research）：企業や自治体等と協働し、地域の課題や地域の実態について、調査したり、探究・研究したりする教育活動
- プロジェクト型活動（Project-Based Activities）：企業や自治体等と協働して、地域の課題やニーズに沿ったプロジェクトに取り組み、課題解決を図る教育活動

このワシントン&リー大学によるCBLの類型をもとに、(このテキスト執筆者が所属する)関東学院大学では、「社会連携教育」を「知る(Know)」、「みる(See)」、「考える(Think)」、「働きかける(Act)」、そして「振り返る(Reflect)」という5つの教育活動から成るフレームワークで説明しています(図1参照)。以下、それぞれの教育活動を概説します。

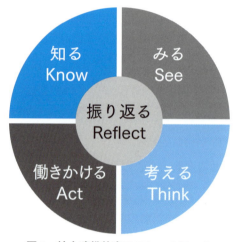

図1　社会連携教育のフレームワーク

①社会を「知る」

　社会を「知る」学習とは、「**地域連携セミナー(Community-Partnered Seminars)**」などの、企業や自治体等による講義や演習を受けたり、大学の教員による社会の実例に関する講義を受けたりする学習を指します。「知る」学習では、社会がどのようになっているのか、また社会においてどのような課題があるのかを知識として身につけたり、社会を生きるうえで必要なスキルを身につけたりする学習です。すなわち、「知る」学習とは、社会に関する知識や理解を得る(認知の領域の学習)だけでなく、社会の課題に気づいたり、受け容れたり(情意の領域の学習)すること、また、社会において必要な技能に習熟する(精神運動領域の学習)ことを目指す幅広い学びです。

②社会を「みる」

　社会を「みる」学習とは、「**現場型活動(Site-Based Activities)**」などの、企業や施設等の現場で活動を体験したり、見学・観察をしたりする学びを指します。「みる」学習は、単に観察や社会体験から成るのではなく、大学での専門分野ごとの学びを通じて身に

つけた、視点や基準をもとにおこなわれます。例えば、大学での児童の発達等に関する学習をもとにおこなわれる小学校での観察実習や、大学での特定の国や文化に関する事前探究学習をもとにした海外研修も「みる」学習であるといえます。「みる」学習では、一方的なものの見方や判断をせず、多様な観点に基づいて多面的にみたり、比較したり、分析したりすることが重要です。

③社会について「考える」

社会について「考える」学習とは、**「地域密着型研究（Community-Based Research）」**などの、企業や自治体等と協働し、調査や研究を通じて社会課題の解決方法を考える学びを指します。「考える」学習は、社会の課題をいかに解決するのかを考える活動ですが、その解決のための手法は専門分野ごとに異なります。例えば、人文科学・社会科学の分野であれば、課題解決策を提案したり、イベントや商品を企画したりすることが考えられます。自然科学の分野ですと、製品を設計したり、開発したりすることが考えられます。その際、社会の課題やニーズを十分に把握したうえで、専門的な知識や技能を根拠に解決策を考えることが重要です。

④社会に「働きかける」

社会に「働きかける」学習とは、**「プロジェクト型活動（Project-Based Activities）」**などの、企業や自治体等と協働し、社会課題の解決を図ったり、よりよい社会の構築を図ったりする学びを指します。「働きかける」学習では、課題解決策を実行したり、企画したイベントを実施したり、開発した製品や創設した制度を運用したりします。その際、いきなり実際のターゲットを対象として大きな規模で実施するのではなく、小さな規模で試しにおこない成果をみたうえで必要に応じて改善を図ることが重要です。こうした試行の過程をトライアウトと呼び、試行結果の評価に基づく改善の過程を形成的評価と呼びます。

⑤学びを「振り返る」

「知る」、「みる」、「考える」、「働きかける」のいずれの学習についても、そこでの自分の考えや言動、感情、成果物などを多様な視点から客観的に振り返ることが重要です。経験主義を唱えたデューイ（John Dewey）は、経験を振り返ることが、その経験から重要な意味を取り出すのに役立ち、そこで獲得された意味や経験が、その後の経験の基礎になると述べています（Dewey, 1910; 1916）。学習がうまくいったとしても、いかなかったとし

ても、「なぜうまくいった（いかなかった）のか」、「このやり方でよかったか」、「どうすれば（もっと）うまくいくか」、「何を身につけなければならないか」、「次に何をおこなうべきか」などを振り返り、次の学習につなげることが重要です。

❸ PBL とは

　社会連携教育を具体化した体験学習のかたちとして、ともに PBL と略される、**Problem-based learning（問題解決学習）**と **Project-based learning（プロジェクト型学習）**の二つがあります。問題解決学習は、1960 年代にカナダやアメリカの医学・薬学教育において開発された、問題解決スキルや専門的知識の獲得を目的として、教員が提示した医療の課題に学習者が取り組む学習方法とされます（Garcia-Famos, 2005）。プロジェクト型学習は、デューイの弟子であるキルパトリック（William H. Kilpatrick）により開発された、学習者が解決すべき問題を決定し取り組むプロジェクトメソッドがもとになっているとされます（Kilpatrick, 1918）。両者には違いはありますが、どちらも構成主義学習観に基づき、グループで実際の課題の解決に取り組む、正解が定まっていない学びであるという点では共通しています。そこで、本書では両者を厳格に区別せずに「PBL」として説明します。また、本書でいう PBL で取り組む題材または課題は、「プロジェクト」と呼ぶこととします。

❹ PBL の基本的な流れ

　PBL は、複数の学習者がチームを形成し、課題の解決を目指して取り組む学習です。そこにはさまざまな特性や願いを持った学習者が参加し、比較的長期間にわたって協働しながら学習に取り組みます。そこで、PBL を進めるには、プロジェクトの準備、事前学習、実施、評価などの段階を区切り、それぞれの学習段階での明確なねらいや進め方などを共有することが重要です。

　ここでは、PBL の各段階の活動の概略を説明します（詳細は次章以降を参照）。

◉プロジェクトの準備

　PBL は、取り組む課題があり、参加する学習者が集まりさえすれば開始できるわけではありません。PBL はチームでおこなわれますが、グループとチームは異なりますし、グループ学習＝ PBL でもありません。グループ学習を PBL にするには、グループをチームにする必要があります。すなわち、PBL に参加する学習者が各々、学びに貢献するこ

とで、チーム全体としての学びを最大にするという意識が共有されている必要があります。

　そのためにはまず、チームに参加するメンバーが、お互いのことを把握しておくことが重要です。このお互いを知る作業を**「チーム・ビルディング」**といいます。チーム・ビルディングでは、チームの各メンバーの特性や能力、背景知識などを知ることで、このチームで「何ができそうか」、「どのような強みがあるのか」、「何が足りないのか」、「どのような分野に関心があり」、「何を知っているのか」などを確認することができます。

　チームメンバーの理解とともに重要なのが、PBLのゴールと個々人のゴールを共有しておくことです。特に重要なのが、メンバーごとに異なる興味・関心に基づく、個人のゴールを共有することです。PBLの目標は、課題解決の提案をしたり、成果物をつくったりすることだけではありません。チームでの学びを通じて、人の話をちゃんと聴いたうえで自分の意見を述べたりする社会的スキルの習得も目標となり得ますし、PBLのプロセスを身につけることで他の状況に応用できるようになることも目標となり得ます。社会の実態を知り、みること自体を目標とするメンバーもいるでしょう。こうした、個々のゴールが無視されて学習が進むと、PBLのゴールとして成果物がつくられても、個人としての満足感が得られなくなります。個々の目標を共有しておくことで、声の大きい人の独りよがりな進行になるのを避け、各人の興味やニーズを尊重しながら、意欲的に学習が進められるようになります。

　準備段階で最後に重要なのが、チームで話し合ったり、学んだりする際の基本的な決まりを決めておくことです。このPBLを進めるうえでの基本的な決まりを**「グラウンドルール」**といいます。あらかじめチームや学習、議論の進め方などのグラウンドルールを決めておくことで、活動や学習を円滑に進めたり、メンバーの役割を分担して平等な参加を促したり、感情的な議論を避けたりすることができます。

◉PBLのための事前学習

　事前学習の段階で最も重要なのは、PBLで取り組む「問い」を明らかにすることです。社会連携型のPBLの「問い」は、授業を担当する教員が提示することもありますが、実社会で社会課題の解決に取り組む企業や自治体等から提示されることも少なくありません。また、ある程度、継続・発展的にPBLに取り組んでいきますと、学生が自分たちで主体的に「問い」を立てることを求められることもあります。

　社会連携型のPBLでは、通常、以下の3つの「問い」のいずれかに取り組みます。こ

の3つの「問い」には段階があり、前の段階の「問い」が明らかになっていない限り、次の段階に進むのは望ましくありません。社会の実態や現状を知らなければ、何がその社会の課題であるのかも分かりませんので、その課題の原因を追究できません。社会の実態や現状、その背景要因を知らなければ、いくら企画や提案をしても、それが社会課題の解決やよりよい社会をつくるのにつながるのかどうかを判断しようがありません。そのため、取り組む課題やテーマがどの段階まで明らかになっているのか、これまでにおこなわれた研究や事例を確認する作業が必要となります。

①実態、現状を探る「問い」（「どうなっているんだろう」）

　実態、現状を探る「問い」とは、特定の社会課題やテーマに関して、現代社会が「どうなっているのか」を明らかにする問いです。社会の実態や現状を明らかにするには、一般的には観察や調査をおこないます。その際、多様な視点から、実態を深く掘り下げることが重要です。例えば、ある市町村の調査をおこなっていて、そこで国際交流イベントの集客が減っているという状況があったとしたら、どのような年代・地域の人々が来ているのか、来場者の滞在時間がどのくらいなのか、イベントにおいて何がどれだけ売れているのか、どのように広報をしているのか、運営側は現状をどのようにとらえているのかなどを深掘りすることが重要です。

②原因、理由を探る「問い」（「なぜだろう」）

　原因、理由を探る「問い」とは、特定の社会課題やテーマが「なぜ」起こっているのかを明らかにする問いです。社会課題の原因や理由を明らかにするには、一般的には調査や実験をおこないます。先ほどの国際交流イベントを例にとると、集客が減っているのは、市民にイベントの存在自体が知られていないという知名度・認知度の問題なのかもしれませんし、いつ・どこでイベントをおこなっているのかが市民に行き渡っていないという広報の問題かもしれません。イベントの内容が市民の興味・関心に沿っていないというニーズの問題かもしれませんし、一度参加したもののもう一度参加しようとは思わないなどの充足度の問題かもしれません。

③対策、対応を検討する「問い」（「どうすればいいんだろう」）

　対策、対応を検討する「問い」とは、特定の社会課題を解決するには、よりよい社会を創造するには「どうすればいいのか」を考える問いです。社会課題への対策や対応を考え

るには、一般的には企画や開発をおこないます。その際、特に重要なのがその企画・開発の実現可能性と予想される成果です。実社会で提案を実現するには、コストやリソースなどから判断される実現可能性や価値・意義、新規性や独創性などを吟味する必要がありますし、ターゲットのニーズにかなっていないと企画・開発をしてもそれが実施される可能性は少ないでしょう。

⦿PBL の実施

　PBL の進行は、取り組む「問い」や目指す成果物により大きく異なりますが、いずれにしてもチームで協働しながら進める必要があり、チームでの議論と思考がカギとなります。

　チームでの議論を生産的なものにするには、メンバーの平等な参加を保証すること、そして議論のプロセスを共有することが重要です。特定のメンバーしか発言しないと、意見がまとまらなかったり、「言ったもの負け」になったりします。議論のプロセスを共有するには、話し合っていることを模造紙やホワイトボード等に書き出し、議論を可視化することが重要です。議論を可視化することで、情緒的な議論を避け、客観的な判断が可能となります。

　チームで思考する際には、「いま何を考えるのか」を明確にすることが重要です。ひとくちに「考える」といっても、考えを拡げたり、深めたり、比較したり、多面的に考えたり、別の視点から考えたり、さまざまな考え方があります。そこで、少なくとも、この場面では考えを「拡げる（発散的思考）」のか、「まとめる（収束的思考）」のかをはっきりさせたうえで、例えば、考えを「拡げる」のであればブレインストーミングを用いたり、考えを「まとめる」のであればランキングを用いたりするなど、求められている思考に対応した議論の方法を用いると良いでしょう。

⦿PBL の評価

　PBL の最後の段階でおこなうのは、プロジェクトやその成果物の評価です。評価は、PBL を「活動あって学びなし」にしない意味からも、次回の PBL に向けた改善の手立てという意味からも、次回の学びへの意欲を高める意味からも重要です。また、PBL は正解がない、知的に高次で複雑な学びですので、PBL に取り組む学生は、プロジェクトや成果物に対する評価がないと、「何がよかったのか／いけなかったのか」、「何が身についたのか／何が不足しているのか」などを判断することができません。うまくいったと思う

企画でも、例えば持続可能性の観点からみて課題があることはよくありますし、失敗に終わったと思う企画の中にも重要な発見があることは少なくありません。

　プロジェクトの評価は、評価をおこなう段階により、①プロジェクトをおこなう前にその実現可能性や意義等を検討する**事前評価**、②進行中のプロジェクトの進捗状況や実績をみる**中間評価**、③目標の達成度やプロジェクトの成果や効率性、今後の発展性などをみる**終了時評価**、④プロジェクト実施開始から一定期間を経て、定着度や有効性、課題などを検証する**事後評価**に分かれます。

　また、プロジェクトの評価は、「誰が」評価をおこなうのか、評価主体により、①個人またはチーム、同じクラスで他のプロジェクトに取り組む学習者が評価をおこなう**自己評価・ピア評価**、②授業担当者が中心となっておこなう**内部評価**、③企業や行政機関等がおこなう**外部評価**に分かれます。

第2章 プロジェクトの準備① チーム・ビルディング

　プロジェクトの準備に取り掛かりましょう。大学でおこなわれる PBL の多くは、他の学生と協力し、教員の指導を受けながら取り組みます。また、大学の設備やサービスを活用し、場合によっては予算を使用することもあるでしょう。チームのメンバーや、プロジェクトのために協力してくれる人々、活用できる資金・物品・情報などを、まとめて**リソース（資源）**と呼びます。また、授業科目としておこなう PBL では、プロジェクトの期間は1学期や1年間、場合によっては数日間と限られており、他の授業をはじめ、アルバイト、サークル・部活との両立が求められます。プロジェクトに費やせる時間も重要なリソースです。自分たちが持っているリソースをしっかりと把握し、最大限に活用することが、PBL の成功につながります。第2章では、プロジェクトで協働するチームのメンバーについて理解を深め、チームが持っているリソースを確認し、そのリソースを活用するための準備に取り組んでもらいます。

❶グループワークのグラウンドルール

　チームメンバーとのグループワークが始まる前に、あらかじめ**グラウンドルール**を決めておきましょう。グループワークをする際には、必ず守るようにしてください。

《グループワークのグラウンドルールの例》
1. 参加者全員が発言の機会を持つこと。
2. 話は最後まで集中して聞くこと。
3. 敬意をもって、忌憚なく、建設的に議論すること。

　参加者全員が発言の機会を持つためには、各メンバーが積極的な参加を心掛け、参加のための準備をする必要があります。発言時には時間配分に注意しながら、自分の意見をまとめて述べましょう。そして、話を聞いている間はパソコンや携帯電話は操作しない（ただし、メモは可）、人の話は途中で遮らない、といった点もお互いを尊重しながら協働するためのマナーです。最後に、議論の際は相手の意見や立場に敬意を持ちながらも、遠慮はせず、プロジェクトが前に進むような、またお互いの成長になるような意見を交わしましょう。

❷チーム・ビルディング

◉チームメンバーを知る

　まずはプロジェクトに取り組むチームメンバーと、お互いの理解を深めましょう。チームメンバーは、プロジェクトにおけるパートナーで、最も重要なリソースでもあります。良好な協力関係を築くためには、お互いの関心や経験を共有し、相互理解を深めることで、チーム内のコミュニケーションを円滑にすることが大切です。下記の説明に従って、「他己紹介」のグループワークをおこなってください。

WORK　ワーク

他己紹介をしてみよう

［グループワーク］

1. 2人ペアになり、質問シートを使ってお互いにインタビューしましょう。
　空白の欄には、他のメンバーに聞いてみたい質問を、自分で考えて入れてください。
　事前に用意した質問以外にも追加で聞いてみたいことが出てきたら、インタビューの途中でもその都度質問してください。一通り質問が終わったら、質問者と回答者を交代してください。

　〈ルール〉
　・質問者は、回答者の答えをしっかり聞くこと。否定的な反応はしない。
　・回答者は、一言で回答せず、できるだけ詳細に答えること。
　・答えたくない質問があれば、「答えたくない」と質問者に伝えてください。その場合、質問者は特に理由を聞かず、次の質問に進んでください。

2. 複数のペアを組み合わせて計4～6人のグループを作ってください。
　ペア同士のインタビュー内容をもとにして、他のメンバーにペアのことを紹介してください。

質問シート

名前	
所属（学部・学科など）	

出身地	
好きな食べ物	
趣味・特技	
プロジェクトに参加した きっかけ。期待すること。	
プロジェクトについての疑問、 不安に思っていること。	

◉ゴールを共有する

　チームメンバーのことが少し理解できたところで、次はチームとして目指すゴールについて考えてみましょう。

　授業科目としておこなうPBLであれば、ゴールは「学習成果」として設定されていることが多いです。実習による企画実施や成果報告プレゼンテーションといった課題が出され、その評価を通じて学習成果が測られることが一般的です。そして、学習成果という科目としてのゴールとは別に、プロジェクト自体にもゴールがあるかもしれません。例えば、メーカー企業と協働して新商品を開発するプロジェクトでは、その商品が市場に受け入れられ、顧客に新たな価値を提供するところまでがゴールとなるでしょう。しかし、学生として参加できる時間や範囲には限界があるため、プロジェクトとしての最終ゴールまでは関与できない場合もあります。

　科目としてのゴール、プロジェクト自体のゴールのほかにも、プロジェクトの参加者一人ひとりがPBLを通じて達成するゴールもあります。皆さんのゴールは何でしょうか。まだ具体的なゴールがないという人は、この機会にぜひ考えてみましょう。「テーマについて深く学びたい」、「専門分野の知識を応用したい」、「コミュニケーション力を高めたい」といったゴールは大歓迎ですが、「フィールドワークに行きたい」、「就職活動でアピールできる『ガクチカ』が欲しい」、「友人を増やしたい」でももちろん構いません。何かしら自分にとってのゴールを持つことで、PBLに参加するモチベーションや、特に力を入れるべきポイントが明確になります。

　次のワークでは、自分が達成したいゴールを考え、チームメンバーと共有してもらいます。自身と他のメンバーのゴールをお互いに見比べて、共通点や相違点を踏まえて、チーム全体で取り組むゴールを設定してください。

WORK ワーク ゴールを共有しよう

1. ［個人ワーク］
    PBL を通じて自身が達成したいゴールを考えて、できるだけ具体的に書き出してください。目安は 3 つ程度です。

2. ［ペアワーク］
    チームのメンバーと 2 人 1 組になって、それぞれ自身のゴールを共有してください。

3. ［グループワーク］
    最後に、チーム全体でのグループワークです。まず、ゴールを順番に発表しましょう。次ページのシートに全員のゴールを書き出してください。そして、①メンバーによって多く言及されたゴールや要素は何か、②メンバーの興味関心を踏まえて「チーム全体のゴール」として適したゴールは何か、を話し合ってください。
    最終的に、チーム全体としてのゴールを 3 つ程度にまとめてください。

ゴール設定シート

自身のゴール	[　　　　　] さんのゴール
● ● ●	● ● ●
[　　　　　] さんのゴール	[　　　　　] さんのゴール
● ● ●	● ● ●
[　　　　　] さんのゴール	[　　　　　] さんのゴール
● ● ●	● ● ●

⬇

チーム全体として優先するゴール
●   ●   ●

自分のゴールとメンバーのゴールには、どのような共通点や違いがありましたか。チーム全体として共有できるゴールが多ければ、チームとして重視すべき価値や方向性が明確になり、活動をスムーズに進めることができるかもしれません。共通の価値観を持ったチームでは、団結力も高まりやすいです。

　一方で、メンバーが多様なゴールを持っている場合、相互理解にしっかり時間を使い、日ごろのコミュニケーションを密に取ることが重要になります。ゴールに大きな違いがある場合は、各自の目標をどのように両立できるかをチーム全体で話し合いましょう。例えば、メンバー全員の関心を満たせるようにPBLの活動内容や範囲を広げる、チームとして優先すべきゴールをあらかじめ定めておく、といったことが考えられます。メンバーの関心が拡散するとチーム運営が難しくなることがあります。

◉グラウンドルールを決める

　チームとしての本格的な協働に向けて、いくつかの**グラウンドルールを決めておきましょう**。コミュニケーションや行動に関するルールをあらかじめ決めておくことで、協働をスムーズにし、混乱やトラブルを防ぐことができます。

WORK／ワーク

チームのグラウンドルールを決定しよう

［グループワーク］

　チームで話し合って、プロジェクトでの協働のためのルールを決めておきましょう。「日頃の連絡手段」、「打ち合わせのタイミングと頻度」、「役割分担」は最低限の項目です。さらに、自分たちのプロジェクトに必要そうなルールを考えて、空白の欄に追加してください。

チームのグラウンドルール

連絡手段	（例）メールで連絡を取り合う。必ずメンバー全員に一斉送信する。
打ち合わせのタイミングと頻度	（例）毎週授業後に1時間程度、教室で打ち合わせする。欠席するメンバーは、当日9時までに連絡すること。
役割分担	（例）リーダー、書記、打ち合わせ日程の調整役、など。

❸チームでの協働を円滑に進めるために

　プロジェクトを進めるためには、メンバー同士の円滑な協働が必要不可欠です。しかし、メンバー間のコミュニケーションが不足していたり、チームとしてのゴールが不明確なために、協働がうまくいかなくなることは多々あります。レンシオーニ（Lencioni, 2002=2003）の**「五つの機能不全」**モデルは、ビジネスにおいてチームが機能しなくなる状況を整理したものです。

レンシオーニの機能不全モデル

1. 信頼の欠如 ［特徴］チームメンバーがお互いの間違いや弱みを隠そうとしてしまう。そのため、助けを求めたり、建設的な意見を出し合ったりすることが難しくなる。他のメンバーが悪意を持っていると決めつけてしまい、駆け引きに無駄なエネルギーを費やし、他者を生かすことができない。チームで一緒に過ごす時間を避けようとする。 ［対策］個人的な情報（話しやすくて無害なトピック……例えば、趣味、出身地、サークルやアルバイトのこと、など）を共有し合う、チーム演習をおこなうなどし、個人的な結びつきを深める。
2. 衝突への恐怖 ［特徴］信頼が欠如したチームでは、腹を割って議論することが難しいため、前向きな意見の衝突を起こせない。会議や話し合いが退屈になったり、裏で駆け引きや個人攻撃が起きたりしてしまう。どれだけ会議をしても重要な議論ができない、メンバーの多様な意見を生かせない、といった問題が起こる。 ［対策］意見の相違や本質的な問題を指摘することで、メンバー全員で健全な議論に取り組む。ただし、チームのためという目的を明確にしながら、じっくりと時間をかけて取り組むことが必要。
3. 責任感の不足 ［特徴］健全な衝突がなければ、チームとしての同意は表面的なものになり、だれもチームとしての決定事項に責任を持たない。たとえ全員が同意しなくても何かを決定し、反対した人も含めてその決定を支持して前進することが理想的だが、責任感が無いチームは、失敗を恐れるあまり分析や方針修正を何度も繰り返してしまう。 ［対策］会議や打ち合わせの最後に決定事項を再確認し、メンバーの認識と相違が無いか確認する。期日を明確にして、期日は必ず守る。
4. 説明責任の回避 ［特徴］責任感を持って行動していないので、ルールを守り、仕事の質を高めようという意識が生まれない。一人ひとりが責任を負うのではなく、リーダーに押し付けようとしがち。 ［対策］チームとしての目標を定め、誰が何を実行する必要があるか、チーム全体としてはどのように行動する必要があるかを明確にする。
5. 結果への無関心 ［特徴］メンバーがチーム全体の目標よりも個人のニーズ（キャリアや目標）を優先させる「結果の無関心」が蔓延してしまう。 ［対策］チームとしての目標を対外的に公言する、結果よりも協働のプロセスを重視する。

（Lencioni, 2002=2003）

組織においては、1から5へと階層的に問題が積み重なっていきます。また、それぞれの問題は相互に関係しており、ある問題が起こると連鎖的に組織の機能不全が進んでいきます。チームの雰囲気が悪い、意思疎通ができない、といった問題が起きているときには、どのような性質の問題なのかを分析し、チームメンバーの一人ひとりが、より良い環境になるように行動することが重要です。

　皆さんが取り組むPBLでは、1〜3が問題となることが多いでしょう。本章の冒頭でおこなった他己紹介は、このうち「信頼の欠如」に対処するためのグループワークです。チームのメンバーはそれぞれが、個別の人格や背景を持った一人の人間ということを理解し、お互いを尊重しながら、チームメンバーとの結びつきを深めていきましょう。

　また、ゴール共有のワークは、チームとしての目的を共有することで、「健全な衝突」を促すためのものです。お互いのゴールを理解したうえで、忌憚なく建設的な意見を出し合うことで、徐々に信頼関係が築かれていきます。協働においては、過度に否定的になったり、逆に何にでも迎合したりせず、相手を尊重しながら自分の意見をしっかりと伝える「アサーティブ・コミュニケーション」が重要です。

❹その他のリソースの確認

　その他のリソースについても、どのように活用できるかを確認しておきましょう。

⦿教員

　授業科目でおこなうPBLの場合、最も重要なリソースの一つが担当教員です。プロジェクトの進行状況や、チーム内での悩みなど、さまざまな場面で相談することになるでしょう。授業外で、個別に相談や連絡をする際には、メールでの連絡やオフィスアワーでの訪問など、適切な連絡方法をあらかじめ確認しておきましょう。

　文献などからの情報収集が難しいテーマの場合、担当教員以外の教員に質問することもあるかもしれません。例えば、プロジェクトテーマに関する専門知識を持つ教員が大学に在籍している場合、その先生からアドバイスしてもらうことも考えられます。（ただし、他の教員に連絡を取る前に、授業の担当教員に相談しましょう。）多くの大学教員は、大学公式サイトの教員情報や、国立研究開発法人 科学技術振興機構（JST）が運営するオンラインデータベース「researchmap」（https://researchmap.jp）で、自身の経歴や教育・研究業績を公開しています。関わる教員の専門性を調べておくと良いでしょう。

◉学内の設備・ツール

　プロジェクトが始まると、まずは事前調査をおこないます（詳細は第4章を参照）。大学の図書館は、参考文献となる図書や雑誌、データベースへのアクセスができる重要なリソースです。図書館が開催するツアーやワークショップがあれば積極的に参加して、図書館を最大限に活用できるよう準備しましょう。

　プロジェクトを通して収集したデータを記録し、報告資料を作成するには、コンピューターとオフィスソフトを利用します。量的データを扱う場合は Microsoft Excel 等の表計算ソフトを用いることが一般的です。他にも、レポートの作成には Word、プレゼンテーションは PowerPoint など、プロジェクトを通して複数のソフトウェアを使用することになります。こうしたソフトウェアを用いた作業に不慣れな場合は、早めに大学の ICT 活用支援サービスを活用するなど、操作方法を習得しておくことをお勧めします。

❺連携先について調べる

　社会連携型の PBL では、当然ながら連携する相手が存在します。企業や非営利団体（NPO）、地方自治体、公共施設、町内会などの民間組織、あるいは特定の個人が連携の対象となることもあります。実際にプロジェクトに取り組む前に、連携先についても調べ、情報を整理しておきましょう。

WORK ワーク　連携先の情報を整理する

［個人ワーク］

　プロジェクトの連携先となる個人、企業、団体等について、概要を調べてまとめましょう。「既に知っていること」だけでなく、ウェブサイトなどで下調べをしながら、次のページのシートに情報を記載してください。

　空白の欄には、特にプロジェクトと関係しそうな項目を自身で選び、自由に書き込んでください。

連携先の情報

名称	
種類（企業、NPO、個人、など）	
所在地（もしくは、活動場所など）	
構成員 （どんな人が、何人くらい所属しているか）	
事業（活動）内容	
連携先にとってのニーズ （プロジェクトに何を期待していると思うか）	

第3章 プロジェクトの準備② テーマの検討と事前調査

❶「問い」の検討（第一段階）

　社会と連携したPBLでは、地域社会、企業、団体、個人などの連携先が抱える課題に対して、何らかの形で関与することになります。関東学院大学では、社会連携教育における学びを、「知る」「みる」「考える」「働きかける」「振り返る」という5つのフレームワークで整理しています。まだ「何が課題なのか」が明確でない課題に対しては、「知る」や「みる」を通じて学ぶことになります。「知る」は連携講座をはじめとした座学やインタビューなどの調査、「みる」はスタディツアーなどによる現地訪問と、異なる手段によって対象の理解を深めていくことを指します。そして、収集したデータなどに基づいて社会課題について「考える」段階、実際に課題解決のためのアクションによって「働きかける」段階へと移行します。各段階の詳細は第2部で扱います。

　いずれの段階でも、PBLは単なる社会見学や就職活動とは異なります。具体的な社会課題を扱い、調査や実習を通して学びを得ていくことが目的です。しかし、課題には複数の側面があり、**「問い」の立て方**次第で見え方が異なります。また、複数の課題が複雑につながっているため問題の範囲や対象が明確ではない場合もあります。そのため、どのような課題を対象として、どのような問いを立てるかが非常に重要です。

　問いにはさまざまなパターンがあります。特定の社会課題やテーマに関して、現代社会が「どうなっているのか」を明らかにする問い、社会課題や事象が「なぜ」起こっているのかを明らかにする問い、社会課題を解決するには「どうすればいいのか」を考える問い、などです。さらに、学術研究では、当たり前のように考えられている問題や事象に対して「本当にそうなのか」を尋ねることも重要です（苅谷, 2002）。問いは、「○○とは何か」のような質問形式でなくてもよく、「△△ではないか」のような仮説でも構いません。

　問いを立てる目的は、新たな知識や正しい情報を得るため、物事をより深く理解するため、既存の知識や理解を超えて考えるため、そして自身を縛る常識や偏見から自由になるため、だとされます（梶谷, 2023）。正解を確かめるための「質問」ではなく、じっくり取り組むことで課題や社会的背景の理解を深め、自身の知的関心が広がっていくような「問い」を探してみましょう。「問い」を持ってプロジェクトに取り組み、自分なりの答え

を探求することではじめて、単なる社会見学や就職活動、あるいはボランティアや労働とも異なる学びを得ることができます。

　本章では、まずプロジェクトの「問い」を考えてもらいます。もし、皆さんが取り組むプロジェクトによっては、「問い」がすでに決まっている場合もあるかもしれません。その場合は、「❷事前調査」まで進んでも構いません。テーマをゼロから考えるようなプロジェクトの場合は、このワークから取り組んでいってください。

◉チームでのダイアログ

　問いを立てるために、チームメンバーとのダイアログに取り組みましょう。前章で調べた社会連携先の情報を参考にしつつ、どのような現状や課題が問題になっているか、どのような状況が理想か、どのような解決・改善の方向性があるか、プロジェクトを進めるために足りない情報は何か、といった点について、自由にアイデアを出しあってください。この段階で重要なのは、あくまで疑問や仮説を多く出すことです。メンバーが出してくれたアイデアには批判ではなく歓迎の気持ちで、拡散型の対話に取り組んでください。

> **WORK**
> ワーク

プロジェクトの「問い」を考える

1. ［個人ワーク］
    まず、①にプロジェクトについて今の段階で分かっていることを書いてください。②には自分が取り組みたいことや、持っている疑問を書いてください。この段階では自由にアイデアを出すことを重視しましょう。

2. ［グループワーク］
    考えた内容をチームメンバー同士で共有します。順番に発表していき、他のメンバーは感想やフィードバックをしていってください。
    聞いた内容は、各自で③に記載してください。

3. ［グループワーク］
    その後、チームメンバーの関心からどのような問いが導き出せるか、話し合ってください。どんな共通点があったか、他のメンバーの話を聞いて思いついたことや疑問に思ったことはあるか。また、メンバーの関心に応えるにはどのようなプロジェクトが良いか、議論しましょう。

この段階では、具体的な質問や活動内容を決める必要はありません。中心となる問いを考え始めることで、この後の準備の方向性を定めることが主な目的です。まとまったら、④に記載してください。

ダイアログシート（サンプル）

プロジェクト 【　南横浜大学の広報活動を改善しよう　　　　　　　　　　】

①プロジェクトや連携先について分かっていること

南横浜大学は、横浜市内の私立大学。広報活動を強化するために、大学生の視点から改善方法を考えて提案してほしい。南横浜大学の広報活動は広報課という部署が担当している。

②自身の関心や疑問

ウェブサイトで大学のいろんな活動を宣伝しているが、正直言ってちゃんと読んだことがない。SNSは受験のときに見ていたが、最近はフォローを外していた。イベントの宣伝とかばかりであまり面白くない。大学名のハッシュタグは見ている。
全体的にもっと学生の関心を引く内容にできないか。

③チームメンバーの関心や疑問

（Aさん）
・SNSを色々使っているが、どれも代わり映えしないので、使い分けが必要だと思う。
（Bさん）
・マーケティングに関心がある。どの記事も、誰をターゲットにしているかがよく分からない。
（Cさん）
・SNSに掲載される写真があまり魅力的じゃない。
（Dさん）
・学生のことを話題にした記事はあるが、学生の声があまり見られない。もっと学生目線で書かれた記事があった方が良いのでは。

④プロジェクトで中心となる問い

1. 南横浜大学の広報活動でターゲットとするのは誰か。
2. ウェブサイトやSNSによって効果的な活用法を考える必要があるのではないか。
3. 学生の声が聞こえるような広報をするべきではないか。

氏名

ダイアログシート

プロジェクト 【　　　　　　　　　　　　　　　　　　　　　　　　】

①プロジェクトや連携先について分かっていること

②自身の関心や疑問

③チームメンバーの関心や疑問

④プロジェクトで中心となる問い

❷事前調査

　プロジェクトで探索する「問い」が決まったら、次はその「問い」に基づいて事前調査をおこないましょう。現場に出向く前に、まずは文献やインターネットによる事前調査です。事前調査が必要な理由は大きく分けて二つあります。

①公開情報を活用することで効率性を高める

　問いによっては、すでに出版物や公開情報の中に答えが書かれているかもしれません。まずは、図書館やインターネットで入手できる情報を確認しましょう。英語には「do your homework」という表現があります。直訳すると「宿題をする」ですが、仕事やインタビュー、討論の前などに「しっかり準備をする」といった意味で使われます。貴重な機会や多忙な相手の時間を得たからには、事前にできる限りの準備をする（宿題をしておく）ことが、皆さんにも期待されます。

　もし事前調査をせずにプロジェクトに臨むとどうなるでしょうか。例えば、「知る」プロジェクトで連携先の関係者にインタビューをするときには、すでに公開されている情報について質問してしまうかもしれません。インタビュー相手に「ウェブサイトを見てください」と言われたり、時間の無駄だと感じさせてしまうかもしれません。一方で、事前調査をしておけば理解が深まり、より的確な質問が思いつくでしょう。また「見る」プロジェクトでおこなうフィールドワークであれば、「先に調べておけば訪問できる」場所や施設などがある一方で、一度機会を逃してしまうと再訪が難しいこともあります。事前調査によって、実習や調査の貴重な時間を最大限有効に使うということが、ひとつ目の理由です。

②事前調査を通して問いを深める

　もう一つの重要な理由は、事前調査を通して対象への理解が深まり、問いとプロジェクトの質が向上するということです。当初抱いていた疑問から、さらに問いを掘り下げたり広げたりすることで、社会課題をめぐるさまざまな事象の中でも、より本質的な問題について取り組めるようになります。同様に、事前調査に取り組むことでこれまで持っていなかった視点を得ることにもつながることでしょう。

　例として本章❶のサンプル（南横浜大学の広報活動を改善しよう）から考えてみましょう。事前調査では、他大学や共通点がある業界の広報に関する書籍を読むことで、広報に

関する基本的な知識やノウハウ、成功事例を学ぶことができます。そこから、南横浜大学では何が足りないのか、なぜ今の状態があるのか、どのように改善していくか等のヒントを得ることができます。公開されている情報や、先行研究から学び、それらの資料と対話しながら自身の問いを深め、プロジェクトの詳細を作っていくことが、事前調査の醍醐味といえます。

⦿資料の種類と特徴

事前調査では、どのような資料を用いるかによって、得られる情報にも特徴があります。以下に主な資料の種類と大まかな特徴をまとめます。はじめて取り組むテーマの場合は、まずはさまざまな種類の資料を幅広く閲覧して、どのような情報が掲載されているかを確認したうえで、絞っていくことをお勧めします。

主な資料の種類と特徴

種類	特徴	一般的な入手先
図書 (入門書、一般書)	・入門書や新書を活用することで、対象とするテーマについて網羅的に知ることができます。 ・ただし、図書の中には、出処が不明な情報を扱ったものもあります。一冊に頼らず、複数の図書を読み比べましょう。	図書館、書店
学術論文 (学術雑誌、専門書)	・研究者による学術論文は、学術雑誌や専門書で読むことができます。 ・専門性が高い内容を学べる反面、初学者には難しい(どう読めばいいかわからない)こともあります。	図書館、インターネット
辞書・事典	・はじめて学ぶ概念や、あいまいな言葉は、まず辞書や事典で調べること。	図書館、書店
新聞、一般雑誌、ニュースサイト	・ニュースとして取り扱われやすいテーマ(事件、社会現象、産業の動向など)は、新聞や雑誌の記事で最新情報を確認してみましょう。 ・また、テーマに関するコラムや社説が見つかれば、有識者や一般人の考えを知ることもできます。 ・ウェブ上のニュースサイトでも同様のことができますが、どのようなメディア・個人が執筆している記事か、信頼できるニュースサイトか、十分注意してください。	図書館、書店、インターネット

統計資料、政府刊行物（白書など）	・公的機関や研究所が発行する統計資料を確認することで、実態が理解しやすくなります。人口、経済・産業、教育などの幅広い統計資料が、政府統計サイト「e-Stat」に掲載されています。 ・省庁や地方自治体が発行する白書や報告書は、社会や経済に関する公式な情報を知るために有効です。	インターネット、図書館
視聴覚資料	・調査テーマを題材としたドキュメンタリーやフィクション作品（映画、TVドラマ等）を観ることで、理解が深まることもあります。 ・ただし、エンターテイメントとしての性格が強いことから、正確な情報として扱うには難のある作品もあります。図書等の資料と合わせて使いましょう。	インターネット（動画サイト）、図書館、書店

◉資料検索の方法

①大学図書館サービスの活用

多くの大学図書館では、効率的な情報検索の方法の解説や講習会をおこなっています。ぜひ所属大学図書館のウェブサイト等を確認してください。ここでは主な利用方法についてごく簡単に説明します。

図書や雑誌の検索には「OPAC」を利用します。OPACとはOnline Public Access Catalogの略で、図書館の資料情報を検索するためのシステムを指します。図書館内の端末やウェブサイト上から操作が可能です。まずは、テーマに関するキーワードや、連携先の名称、関連する業界名などから検索して、どのような資料があるか見てみましょう。検索結果が膨大なときは、キーワードを追加する、資料の種類を選ぶなどして、絞り込みます。

図書館には皆さんの文献調査のためのさまざまなサービスがあります。OPAC検索では資料が見つからない、検索結果の絞り込みがうまくいかない、といった場合は、所属大学図書館の「レファレンスサービス」を利用してみましょう。資料検索の手助けをしてもらえます。さらに、自大学にはない資料を他大学から取り寄せる「相互貸借（Inter-Library Loan, ILL）」というサービスもあります。利用方法やルールは大学によって異なりますので、図書館カウンターで確認してください。

②入門書の探し方

初学者を対象とした「入門書」や「概説書」は、テーマについて網羅的な知識を得ることができます。より詳しく学ぶための文献を掲載しているものも多く、まずは入門書を読み、関心に応じて文献をたどっていくことをお勧めします。ただし、分野やテーマによっ

ては適切な入門書がない場合もあります。また、入門書のように見えて、素人には難解な本や批判的な読み方を必要とする本も、巷にあふれています。

　分野の専門家に聞ける場合は直接質問するのが一番ですが、常に近くにいるとも限りません。入門書の探し方のポイントをいくつか示します。図書館で資料を探す際、OPAC の検索結果に以下のような資料が含まれていたら、良い入門書の可能性があります。実際に手に取って、読み比べてみてください。

- □ 「よくわかる」「はじめて学ぶ」「大学生（高校生）からの」「入門」といったフレーズがタイトルに付いているシリーズ。ある学問分野の全体像がわかるテキストが多く、その中に関心があるテーマが含まれている可能性があります。
- □ 「第○版」「△ th Edition」などが付いている本。改訂を重ねている本は、それだけ多くの人に読まれており、更新され続けていると考えられます。
- □ 分野の著名な研究者が書いた新書、一般書。新書や一般書に限らず、本を読む際には「誰が書いたか」を確かめてみてください。その分野で多くの業績がある研究者が一般向けに書いた本は、入門書として良いテキストになっていることがあります。

③学術論文の探し方

　テーマについて基本的な情報が手に入り、より深く学んでいく段階になってきたら、学術論文を探すことになります。逆に言うと、図書で十分な情報が集まるテーマであれば、PBL の準備のために学術論文まで読まなくても良い場合もあります。

　学術論文は大学図書館が契約しているデータベースから検索・閲覧するのが一般的です。自身で購入する必要がある論文は高額な場合もあります。ただ、最近は無料で一般公開する「オープンアクセス」論文も増えてきています。日本語の論文であれば、国立研究開発法人科学技術振興機構（JST）が運営する「科学技術情報発信・流通総合システム」（J-STAGE）で公開されている論文の多くがオープンアクセスです。まずは気になった論文のタイトルや著者名を J-STAGE で検索してみてください。

　その他にも、学術論文に特化した検索サイト（Cinii Articles、Google Scholar、Semantic Scholar、等）を利用したり、ジャーナルのウェブサイトに直接アクセスしたりする方法もあります。いずれの場合も、分野に関する知識がなければ、どの論文を読むべきか判断するのが難しいかもしれません。

⦿ 学部・学科での学びの活用

　プロジェクトのテーマと所属学部や学科での学びを「接続」させることも、大事な事前準備の一つです。学部・学科で学ぶ内容がテーマと直接関連している場合は、授業科目の教科書が参考資料になるかもしれません。また、テーマ自体が大きな場合、自身の分野と結びつけてアプローチするというのもひとつの方法です。例えば、自治体と連携して、「地域活性化」の企画立案をすることだけが決まっている（具体的な内容は学生に任されている）プロジェクトがあるとします。OPACで「地域活性化」と調べると、社会学、行政学、経済学、社会教育、地域デザインなど多種多様な文献がヒットしてしまい、どれから読むべきかイマイチよくわかりません。まずは自身の分野に関連した文献を調べることで、どのような争点があり、改善のための方法論は何か、理解しやすい形で学ぶことができます。各チームメンバーが自身の関心に基づいて事前調査をおこない、お互いに報告して、そこからチームとして取り組むテーマを絞り込んでいくことも考えられます。

　一方で、学問分野の境界を越えた実践から学ぶのがPBLの面白さでもあります。自分野の文献だけにとらわれず、他分野の研究者や実務家による文献からも情報収集して、幅広い視点で学ぶようにしましょう。

WORK ワーク

事前調査の実践

実際に事前調査をおこない、参考資料を入手していきましょう。

1. ［個人ワーク］

    ダイアログシートを読み返して、テーマや問いに関連した資料を探してください。まずは図書館の資料から探し、的確な資料がなければウェブ上の資料へと広げていきましょう。

2. ［個人ワーク］

    入手した資料は、ノート等にメモを取りながら読みましょう。事前調査の際は、ただ読み流すだけでは知識が蓄積されません。次ページ以降の「事前調査シート」を使って、資料の概要や、新たに学んだことをまとめていってください。

    目標は資料3点程度です。資料を読むにはそれなりの時間がかかりますので、余裕を持って調査してください。

3. ［グループワーク］

    最後に、チームメンバーとの共有をおこなってください。資料の概要に加えて、問いに対して分かったことも報告し合いましょう。

事前調査シート（サンプル）

プロジェクト 【　南横浜大学の広報活動を改善しよう　　　　　　　　　　　】

書誌情報（著者、出版年、資料名、出版社など）	谷ノ内識, 2021,『大学広報を知りたくなったら読む本』大学教育出版.
入手先	南横浜大学図書館
資料の概要	著者は元NHK記者で、私立大学の広報課職員と非常勤講師を兼任している。広報の雑誌の連載記事をまとめたもの。 　全5章で構成されており、各章を独立した記事として読めるようになっている。大学広報の仕事の概要、著者の所属大学での実践事例、大学広報にまつわるトピックが、わかりやすく紹介されている。
問いに対する発見、新たな学び、批判等	本書は、大学広報の役割を変化させるアイデアを紹介している。特に広報担当者による広告や宣伝活動よりも、大学の実際の姿や教育活動に触れることで共感を広げる「直接広報」の重要性が繰り返し強調されている。 　問いの「3. 学生の声が聞こえる広報にすべき」に対して、第2章で学生スタッフを募集して職員が育成する事例が活用できると感じた。また、広報部門が全ての広報を担うのではなく、各部門が広報に取り組む体制を作るのも重要だと思う。 　広報戦略を、「あるべきイメージに近づける」ブランディングと、「社会的評価を上げるため」のコミュニケーション戦略に整理して、大学の位置づけや実績に応じて考えるべきだとしている。

氏名

事前調査シート①

プロジェクト 【　　　　　　　　　　　　　　　　　　　　　】

書誌情報（著者、出版年、資料名、出版社など）	
入手先	
資料の概要	
問いに対する発見、新たな学び、批判等	

氏名 □

事前調査シート②

プロジェクト 【　　　　　　　　　　　　　　　　　　　　　　　　　】

書誌情報（著者、出版年、資料名、出版社など）	
入手先	
資料の概要	
問いに対する発見、新たな学び、批判等	

第3章　プロジェクトの準備②　テーマの検討と事前調査

氏名

事前調査シート③

プロジェクト 【　　　　　　　　　　　　　　　　　　　　　　　　　　　　】

書誌情報（著者、出版年、資料名、出版社など）	
入手先	
資料の概要	
問いに対する発見、新たな学び、批判等	

❸問いの検討（第二段階）

　事前調査も終わったところで、文献から得られた情報を踏まえて、改めてプロジェクトの問いを設定しましょう。当初の問いをより精緻にする、あるいは新たな問いを設定し直すということでも構いません。

　この段階ではさらに、問いに対応した活動内容も検討します。例えば「知る」プロジェクトであれば、誰にどのような質問をすれば、どのような資料があれば、関心に応える情報が得られるかを考えてみましょう。「みる」は具体的な訪問先や調査活動、「考える」は分析対象とするデータとその入手方法、「働きかける」は具体的なプロジェクトのアイデア、などです。考えた活動内容で問いへの答えを見つけられそうか、またプロジェクトとして実現可能かも考えてみましょう。あくまで問いを先に考え、その問いに答えるための手段として具体的な活動を考えてください。

　さて、事前調査の後すぐに新しい問いを見つけられた方はとてもラッキーです。「この本に知りたかったことが全部書いてある……」と呆然と立ち尽くしてしまった人もいるかもしれません。あるいは、良さそうな問いが見つかっても、どのような活動をすればいいのか分からないこともあるかと思います。

　そのような時は、すでにある知識やアイデアを応用したり、組み合わせたりして、新たなアイデアを作ることになります。何もないところから、独創的なアイデアが突然生まれてくることは、そう多くありません。学術やビジネスにおけるイノベーションは、既存のアイデアをさまざまな方向から問い直し、革新や結合を試みることで生まれています。また、独創的なアイデアの着想は、天賦の才能ではなく、トレーニングによって可能になるものです。新しい知識を生み出すトレーニングのためのツールとして、「オズボーンのチェックリスト」があります。プロジェクトの問いや活動内容の検討が進まないときは、オズボーンのチェックリストを順番に当てはめて検討してみましょう。

　「南横浜大学の広報」の例であれば、企業や他大学で成功した戦略を「応用」できないかと考えることができます。ただ、組織によって特徴・強みや市場は大きく異なりますので、単なる転用ではなく、成功した事例を詳しく分析したうえで、そこから「応用」できる要素は何かを検討する必要があります。また、南横浜大学の過去の広報活動のうち、うまくいった要素をより強調する（拡大）、あるいは、無駄な要素を減らしてシンプルにする（縮小）ことで、メッセージが伝わりやすい方法を見つけられるかもしれません。ほかにも、大学職員の代わりに学生記者を採用して「代用」できないか、といったことも考え

られます。

オズボーンのチェックリスト

1. 転用	他に使い道はないか。新しい使い方をするには、どのように修正したらよいか。
2. 応用	これに似ているものはなにか。これからどんなアイデアが考えられるか。過去に似たような事例はないか。ほかからアイデアを借りられないか。
3. 変更	方向性、色、デザイン、動き、音、形、頻度などを変更したらどうなるか。
4. 代用	部品、素材、プロセス、利用者などを、別のもので代用できないか。
5. 拡大	サイズ、時間、頻度、強度、量などを大きく（高く）できないか。ほかの価値や成分を付け加えられないか。誇張したらどうなるか。
6. 縮小	サイズ、時間、頻度、強度、量などを小さく（低く）できないか。もっとシンプルにできないか。分離や分割したらどうなるか。
7. 置換	順番やレイアウトを入れ替えられないか。因果関係を入れ替えて分析したらどうなるか。
8. 逆転	上下、左右、前後、表裏などを逆転できないか。役割や立場を逆にできないか。
9. 結合	アイデアを組み合わせたり、融合させたり、集合させたりできないか。

(Osborn, 1957=1958)

WORK ワーク プロジェクトの「問い」を考える（パート2）

1. ［個人ワーク］
   改めて①プロジェクトの「問い」と、②具体的な活動内容を検討してみましょう。活動内容は、「問い」に対応した内容を検討してください。合わせて、プロジェクトの期間や制約を踏まえた実現可能性についても考えてみてください。

2. ［グループワーク］
   チームメンバー全員で話し合って、次ページのシートを作成してください。

氏名 □

プロジェクト 【　　　　　　　　　　　　】

①プロジェクトで中心となる問い	
②具体的な活動内容	
③実現可能性	

Note

第 2 部

実 践

編

第4章 プロジェクトの進め方①
社会を「知る」

❶現場の声から現状を知る

　第2部では、実際のプロジェクトに向けて、具体的な手法や注意点について説明していきます。引き続きワークシートを用意していますので、自身が取り組むプロジェクトの性質に合わせて活用してください。

　第4章では社会を「知る」ためのプロジェクトを扱います。「知る」は、社会がどのようになっているのか、また社会においてどのような課題があるのかを知識として身につけたり、社会を生きるうえで必要なスキルを身につけたりする学習です。社会に関する知識や理解を得るだけでなく、社会の課題に気づき受け容れることや、社会で必要な技能に習熟することまで、幅広い学びが含まれます。

❷データの種類

　本章では、調査によって社会を「知る」プロジェクトに焦点を当てます。調査活動そのものがPBLになるとともに、入手した知識を深く分析することで、変化や改善をもたらすための方策を「考える」プロジェクトや、それを実行に移す「働きかける」プロジェクトの基盤にもなります。本章では、大学の授業などで取り組みやすい、「インタビュー調査」を中心として、社会を「知る」プロジェクトの進め方を扱います。

　調査の方法の前に、データの種類について理解する必要があります。社会科学などの研究では、データは**量的（定量的）データ**と**質的（定性的）データ**に分類することが一般的です。この分類はこの後の章でも度々言及しますので、覚えておいてください。量的データは数量で表されるデータです。人口、年齢、身長、体重、気温、金額、回数、頻度などが該当します。量的データには数の大小に意味があるという特徴があります。例えば、ある国の人口の特徴を分析するために人口の増減や年齢分布を集計して、経年変化を分析したり、国同士で比較したりしますが、これは人口や年齢が数量だからこそできることだといえます。

　これに対して質的データは、数量で表されない幅広いデータを指します。性別、出身地、色といった分類的なデータから、氏名、今朝の朝食、政治に対する意見、のような記

述的なデータまで含まれます。音声や映像も質的データの一部です。質的データは数量的に比べることはできず、含まれている情報を分類したり、データが表している意味を解釈したりと、まさに質的に扱うことになります。さらに、<u>数量で表されていても順序としての意味しかないデータ</u>（順序データ）は、量的データではなく質的データに含まれます。徒競走の順位を例に挙げます。1位の生徒は2位の生徒より、2位の生徒は3位の生徒よりも早くゴールしたことが分かっていますが、1位と2位の間の距離と2位と3位の間の距離は一定ではありません。また、1位の生徒が2位の生徒の○倍速く走る、といったことも示していません。満足度調査などで、「4 とても満足、3 満足、2 不満、1 とても不満」といった程度を表す質問がありますが、これも同様です。Aさんが「とても満足」を選んだからといって、「不満」を選んだBさんの2倍満足していることは意味しません。

❸主要な調査手法

　次に調査手法ですが、これも大きく分けて二種類があります。量的調査と質的調査です。**量的調査**は、量的データを収集し、統計的分析を用いてデータの特徴や関係を理解しようとする手法です。なお、質的データであっても量的に分析することがあります。皆さんも、商品の満足度調査や、授業アンケートに答えたことがあるでしょう。「○○についてどの程度満足していますか？　5段階評価で答えてください。非常に満足が5、非常に不満が1です。」といった質問への回答は、量的データではありませんが、数値で表すことで統計的に用いることができます（「この商品の顧客満足度は平均4.9です！」といった風に）。社会課題について調査する際には、人々の性質や意識などを順序データとして表すことで、量的調査の対象とすることが多々あります。

　これに対して**質的調査**では、質的データを質的なもののままで扱います。会話、体験談、文章などを詳細に分析することで、人々の考えや解釈を理解する、あるいは数値としては表れにくい重要な視点を汲み取ることが目的となります。例えば、ある商品の満足度が低かったとして、その理由や要因について、数値から分かることには限界があります。自由記述に書かれているコメントをじっくり読んだり、実際に消費者に話を聞いたりすることで、不満の原因や、改善のためのヒントについて、多くの情報が得られるでしょう。質的調査そのものは、傾向を分析するのではなく、個々の体験に焦点を当てることが得意な手法だといえます。質的調査の結果から似た体験や意識を持っている人が多そうなら、その発見に基づいた量的調査を行うことで、共通した傾向であることを確証できるかもしれません。

代表的な調査手法として、質的調査はインタビュー、量的調査はアンケートが挙げられます。以下にそれぞれの特徴を述べます。なお、あくまで代表的な使い方です。構造化インタビューのような手法で得られたデータを量的に分析することもありますし、アンケート調査の自由記述はしばしば質的調査の分析対象にもなります。

◉アンケート調査の特徴

アンケート調査は、多くの対象者からデータを収集するために用いられます。大きく分けて、**全数調査（悉皆調査）** と**標本調査**の二つの種類があります。全数調査は、対象となる集団の全員からデータを収集する調査方法です。集団に関する正確なデータを得ることができますが、対象人数が多い場合は実施が困難です。標本調査は、集団の中から一部の対象者（サンプル）を選んでデータ収集し、統計的手法で全体の傾向を測定する方法です。効率的ですが、適切なサンプル・サイズを設定し、偏りが出ないようにサンプルを抽出し、統計的な処理をおこなうための知識と経験が必要となります。

質問文や解答欄を配置した用紙を調査票と呼びます。調査票の配布方法をいくつか紹介します。**郵送調査**は、質問票を郵送し、回答を返送してもらう方法です。対象者の名簿を持っている場合や、企業や公的機関を対象として調査のように住所が公開されている場合に実施しやすい方法です。**インターネット調査**は、ウェブ上の回答フォームを使って回答を収集するものです。メール等でURLを送付する、ウェブサイト等で一般公開する、といった配布方法がありますが、対象者はインターネット利用環境がある人に限られます。また、対象者のメールアドレスを知らない場合など、調査依頼を行き渡らす方法も検討する必要があります。他にも、調査者が自宅や街頭に向かい、その場で記入してもらう**対面調査**があります。

インタビュー調査と比べると、アンケート調査のメリットは多くの対象者からデータを得られる点にあります。調査回答の量が担保できれば統計的な分析が可能になります。対象とする集団の「傾向」を知ることができるのは、量的調査ならではの魅力だといえます。その反面、コストがかかる傾向にあります。郵送調査であれば、対象者ごとに往復の郵送料が発生しますし、印刷料金や封筒料金もかかります。インターネット調査は比較的安価ですが、回答フォームの契約料がかかる場合があります。対面調査の場合は、十分な回答数を得るためには多くの調査者が必要です。

⦿インタビュー調査の特徴

　インタビュー調査の実施方法には、構造化インタビュー、半構造化インタビュー、非構造化インタビューの3つの種類があります。**構造化インタビュー**は、質問内容や順番が厳密に決まっており、すべての対象者に同じ質問を同じ順序でおこないます。そのため、質的データだけでなく量的データを得るためにも用いられやすいものです。**半構造化インタビュー**は、あらかじめ質問やトピックのリストを用意しておきながらも、調査者が状況に応じて質問を追加したり、順序を変更したりする方法です。社会科学分野の研究などで広く用いられています。最後に**非構造化インタビュー**は、質問リストを事前に用意せず、自由な対話形式で進めます。対象者の自由な意見や考えを引き出しやすいですが、データの整理が難しい場合もあります。

　アンケート調査と比較すると、インタビュー調査は、対象者の意見を詳細に聞ける点や、質問の仕方によっては回答の裏にある理由や感情まで聞ける点がメリットといえます。また、対象者に質問の意図がうまく伝わっていない場合でも、その場で訂正や補足ができますので、複雑な問題や概念について意見を求めたい場合にも有効です。デメリットとしては、対象者一人当たりの時間がかかることが挙げられます。インタビューそのものの所要時間だけでなく、日程調整、移動時間、インタビュー内容の整理・分析にも時間がかかります。多くの回答者を集めるというよりも、対象者一人ひとりからじっくりと話を聞く方が適しているといえます。

❹調査手法の選び方

　量的調査と質的調査をどのように選べばよいかは悩みどころです。いくつかのポイントをお伝えします。

⦿問いに対応した手法の選択

　社会的な事象や問題について理解するためには、量的データと質的データの両方が必要になる場合が多いです。例えば、「A中学校で不登校の生徒が多いのはなぜか」を調査するとしましょう。まずは、A中学校の不登校生徒数がどの程度多いのか（本当に多いのか）を知る必要があります。そのためには、A中学校の不登校生徒数を把握し、近隣の中学校や地域全体の数と比較する必要があります。また、年度ごとの数の変動も注視すべきです。もしある時期を境に急増しているのであれば、その時期に何があったのかを知ることが重要かもしれません。あるいは、A中学校で常に不登校が多いのであれば、他の学校

にはない構造的な問題を探ることが重要になります。こうした検討の手がかりとなる量的データは、学校や行政の統計から得られることが多いでしょう。

　どのような生徒が不登校になっているのかを知るには、質的データが有効です。学業や課外活動、友人関係、教師との関係、家庭環境、心身の状態、学校のサポート体制など、多くの要因が不登校に関連していることが知られています（小柴, 2017）。このような質的データは一般公開されていないため、アンケート調査などを用いて現状を把握する必要があります。

　さて、アンケート調査を実施したとして、不登校の生徒の特徴を把握できたかもしれません。しかし、これだけでは生徒がどのようにして不登校に至ったかまでは分かりません。同じ学校、同じ性別、同じ家族構成、同じ数の友人を持ち、同じくらい教師とコミュニケーションを取っていても、生徒はそれぞれ個別の人間ですので、異なる体験をし、同じ体験に対しても異なる反応をします。そのため、客観的な事実よりも、生徒自身による問題の捉え方を理解することが、なぜそうなっているかを知る手掛かりになることがあります。インタビュー調査では、個々の生徒の体験について深く知ることで、問題の複雑さそのものを理解しようと試みます。

　調査手法を選ぶ際には、自らの問いに基づいて、どのようなことを知るために、どのようなデータを集めるのかを考えることが重要です。量的調査は、社会における様々な事象は客観的なデータに基づいて科学的に把握することができるという考え方に基づいておこなわれます。対して質的調査は、人々の主観的な解釈こそが社会的な事象を作っていると考えます。これらの考え方は、**実証主義**と**解釈主義**という対照的な社会認識のパターンに基づいています（野村, 2017）。いずれかに偏る必要はありませんが、取り組む課題や自身の関心にはどちらが適しているか、考えてみてください。

◉現実的な制約

　そのうえで、現実的な制約も考慮する必要があります。不登校のようなトピックは、対象となる生徒たちのプライバシーや人権の保護の観点から、所属大学における研究倫理審査という手続きを経る必要があります。また、研究手法に関する十分な経験や、調査対象者や関係者からの信頼も不可欠です。対象者に直接話を聞くことが難しい場合、関係者（例えば、A中学校の教員）からの聞き取りで情報を集める方法も検討すべきかもしれません。それも難しい場合は、統計データや既存の文献を利用し、公開されている情報から分析することになります。

そして、時間や費用の制約も無視できません。実際に調査手法を選ぶ際には、限られたリソース（人員、時間、予算）で、現実的に実行可能な方法を選ばなければなりません。複数の観点からデータを集めることが理想的ですが、準備にも実施にも時間がかかります。自分たちの問いに対して、実現可能な規模の調査方法を検討する必要があります。

WORK ワーク　プロジェクトに適した調査法を検討する

［グループワーク］

ここまでの内容のまとめとして、簡易的なチェックリストを用意しました。それぞれ、Aは量的調査、Bは質的調査が適したケースです。まずは各自で、どちらに当てはまるかをチェックしていきましょう。

答えがAかBどちらかに偏っている場合は対応した調査方法を選びましょう。

項目によってA、Bに分かれている場合は、「どの要素を優先するのか」、「優先しない項目をどう妥協するのか」をグループで議論して、今回のプロジェクトにあった調査法を決定しましょう。

調査法検討のためのチェックリスト（各設問について、AとBのどちらかに〇を付ける）

①どのようなことを知りたいですか？	
A　対象となる集団の傾向や特徴を把握したい。	B　対象となる個人の考えや経験を深く知りたい。
②事前調査を踏まえて、知りたいことや質問したいことは決まっていますか？	
A　質問したいことは明確に決まっている。	B　調査しながら新しい質問を追加していきたい。
③人員や費用の制限はありますか？	
A　制限はない。	B　制限がある。
④条件に合う調査対象者はたくさん見つけられそうですか？	
A　見つけられそう。	B　対象者があまりいない。

❺インタビュー調査の進め方

　本項では、質的調査の一環として、インタビュー調査を実施するためのワークを用意しました。インタビュー調査は、調査対象者が明確で近隣にいる場合は、比較的安価に実施することができます。また、テーマについてわからないことが多い状態でも、話を聞きながら探っていく探索的調査として実施することができます。さらに、「社会とつながる」という観点からは、調査対象の方々と対面し、コミュニケーションを取りながらインタビューすることも重要な学びの経験になります。テーマや問いに合致するのであれば、まずはインタビュー調査にチャレンジすることをお勧めします。

　アンケート調査も、調査対象や配布・回収方法を工夫すれば、期間やリソースが限定されている場合でも実施可能です。関心があれば是非チャレンジしてみてください。アンケート調査の詳しい手法については、本章の最後に載せた参考文献（森岡編 2007、など）を参照してください。

◉インタビュー実施までの流れ
①インタビュー対象者の選定

　インタビュー対象者を決めましょう。多くの量的調査では、対象集団から偏りがないようにサンプルを選ぶ「無作為抽出」という手法を用います。同じ手法をインタビュー調査で用いることもできます。例えば、「経営学入門の受講者100人のうち、誰でもよいからランダムに20人を選んでインタビューする」といった場合です。

　無作為抽出ではなく、問いや目的に合致するインタビュー対象を選ぶこともできます（合目的的サンプリングと呼ばれることもあります）。第3章で例示した「南横浜大学の広報戦略」であれば、このトピックについて一番詳しいと考えられる相手として「南横浜大学の広報課の職員」を選びました。

　調査を始めた時点では、誰に話を聞くべきかが十分に明確になっていない場合もあります。その場合は、まずは明確になっている対象者にインタビューし、その結果をもとに次の対象を選出していきます。また、インタビュー対象者に他のキーパーソンを紹介してもらう「雪だるま式抽出法」を用いる場合もあります。南横浜大学の例でいうと、広報課の職員に話を聞いた後、さらに入試課の担当者や関係する教員を紹介してもらうことが考えられます。

WORK ワーク　インタビュー候補者を選定する

［グループワーク］

次ページのシートを使って、インタビュー調査のインタビュー候補者を選定しましょう。どのような立場の人に、何を質問すればよいのか、また、候補者にはどうすれば会えるのかも検討して、書き出してください。シートは必要に応じてコピーして、対象となる候補者をすべて挙げてください。

インタビュー候補者選定シート（例）

候補者 （氏名・立場）	目的	質問項目	アプローチ方法
（例） 南横浜大学の広報課職員	大学の広報活動全般について聞きたい。他のキーパーソンを紹介してもらう。	・南横浜大学ではどのような方針でウェブサイトやSNSを運営しているか。 ・広報の困りごとや悩みごとは。 ・学生との協働についてどう考えるか。	広報課にメールする（アドレスはウェブサイトで公開）

インタビュー候補者選定シート

候補者 （氏名・立場）	目的	質問項目	アプローチ方法

②インタビュー内容の策定

　対象者が決まったら、質問内容を考えていきましょう。半構造化インタビューでは、あらかじめ設定した質問項目に加えて、インタビューの流れに合わせて追加質問をしたり、質問の順番を変更することができます。とはいえ、基本的な進行は事前に決めておいた方がスムーズです。実際のインタビューを想像しながら、具体的な質問の作成に取り組みましょう。まずは、プロジェクトの問いを起点にして、その問いに答えるにはどのようなデータが必要か、そしてそのデータを得るためには、どのような質問をしていけばよいかを検討していきます。このようにして思い付いた質問をすべて書き出してみましょう。

　質問の順番は非常に重要です。多くの場合、まずはインタビューのトピックに慣れてもらいつつ、リラックスして話してもらう雰囲気を作ることが大切です。答えやすい質問から始め、徐々に答え難い質問へと移行することで、スムーズに会話を進めることができます。一般的には、以下のようなルールが当てはまります（Patton, 2015）。

☐ 自分や所属組織に関する質問は答えやすい。
☐ 単純な事実の方が、経緯や仕組みを説明するよりも話しやすい。
☐ 話題はまとまっている方が回答しやすい。
☐ 質問の時系列は、まずは現在のこと、次に過去のこと、最後に未来のこと。
☐ 経験や行動について先に聞いてから、個人的な意見や価値観について聞く方が良い。

　以下にサンプル質問を用意しましたので、最も適切だと思う順番に並び替えて、枠内に1～10番まで記入してください。必ずしも正解はありませんが、筆者だったらどうするかを欄外に記載していますので、自身の回答と比べてみてください。

順番		質問
	a	現在の南横浜大学の広報活動で、足りない点や、課題になっている点はありますか。
	b	これまでにどのような仕事を経験されてきましたか。広報としては何年くらい経験がありますか。
	c	学生を活用した広報活動については、どのようにお考えですか。これまでに実施した経験などがあれば、合わせて教えてください。
	d	お名前と現在の所属を教えてください。
	e	南横浜大学では、どのような広報媒体を運営されていますか。
	f	三つの公式SNSは、どのように使い分けていますか。

	g	今後、広報課として力を入れていく活動や、新しく始める予定のプロジェクトがあれば教えてください。
	h	南横浜大学では、誰をターゲットとして、どのような情報を発信することに力を入れていますか。
	i	○○さん個人として、もっと改善したい、取り組みたいと思っている仕事はありますか。
	j	大学の広報課には、どのような人が、何人くらい働いていますか。

正解なら、以下の順番で聞きます。[d-b-j-e-f-h-c-a-g-i]

同様に、インタビューの流れを確認しながら自身の質問も並び替えてみましょう。質問の不足や重複があれば修正や追加をおこない、質問リストを完成させてください。

③調査依頼

質問が決まったら、インタビュー候補者に調査依頼を出しましょう。調査依頼はメール、電話、あるいは対面でお願いすることになりますが、その際に**調査依頼状**を渡しましょう。調査依頼状には、調査の目的、主な質問項目、インタビューの実施方法（対面かオンライン、所要時間、など）、調査データの使途、調査者の連絡先などが記載されます。これらの情報を書面で明示することで、候補者が調査の趣旨を十分に理解したうえで、調査に協力してもらうためのものになります。さらに、匿名性はどのように守られるか（本章❻参照）、参加は途中で撤回できるのか、答えたくない質問は回避できるのか、参加に当たって利益や不利益はあるのかなど、参加者の権利に関する情報も明記したうえで、協力に同意してもらう必要があります。以下に、調査依頼状のサンプルを載せます。

大学によっては学部生がおこなう調査であっても、正式な**研究倫理審査**の対象となり、あらかじめ定められた項目を含めた書類を準備し、審査を受ける必要があります。該当するかどうか指導教員に確認のうえ、調査依頼をおこなってください。

最後に、インタビューの依頼やアポイント設定時のやり取りでは、しっかりビジネスマナーを守るように注意してください。メール文面はインターネットや書籍に文例が沢山載っていますので、参考にすること。

調査依頼状の例

2024年10月1日

南横浜大学
広報課　菊地由美様

南横浜大学
経営学部2年　金沢景太

インタビュー調査ご協力のお願い

拝啓　時下ますますご清栄のこととお慶び申し上げます。

　この度は、「南横浜大学の広報活動」に関するインタビュー調査にご協力いただきたく、お願い申し上げます。この調査は、全学共通科目「社会連携プロジェクト入門」（担当教員：能見文子教授）の一環として実施するプロジェクトで、4名の履修学生で担当しています。

　本プロジェクトの目的は、南横浜大学の広報活動の現状について理解を深めたうえで、学生の視点から大学広報のアイデアを検討することにあります。そのため、実際に本学で広報業務をご担当されている職員の方にお話を伺いたく存じます。

　インタビューは対面で1時間程度を予定しており、主に以下のトピックについての質問となります。回答を望まない内容について回答は不要です。また、その理由を言う必要はございません。

- 広報課の業務内容
- 南横浜大学の広報の特徴や戦略
- 広報に関する課題や今後の展望
- 学生を活用した広報活動

　インタビューの内容は、本科目のプロジェクト課題に限定して利用します。具体的には、授業の報告会や最終レポートで利用しますが、調査協力者の氏名や役職など個人が特定できる情報は一切開示しません。インタビューは記録のために録音させていただければと存じます。録音データは、授業期間（2025年4月～7月）終了時にすべて削除いたします。

　説明は以上となります。差し障りなければ是非インタビューにご参加いただき、これまでの経験や知見をご共有ください。参加にご同意いただける場合は、本文書をお送りしたメールにご返信ください。改めて日程調整をさせていただきます。なお、同意後も参加撤退が可能ですので、ご希望の場合は、インタビュー実施日から30日以内に、下記連絡先にメールでご連絡ください。

敬具

【連絡先】
金沢景太　k.kanazawa@s-yokohama-u.ac.jp
調査メンバー：金沢景太、杉田海、逸見安子、上岡太志

④インタビュー本番に向けた準備

　インタビュー候補者に承諾いただき、アポイントが取れたらいよいよインタビュー本番です。本番に向けた準備として、二つのワークを準備しました。まずは、インタビュー・シートの作成です。このシートは、質問項目と、相手の回答を筆記するためのメモ欄を配置したもので、印刷して直接書き込むことができます。

　シートとして準備しておくことで、質問項目の抜け漏れをチェックするとともに、各項目に対して十分な回答が得られたかを可視化するものです。相手の話す量や質問者のメモの取り方によって異なりますが、1時間のインタビューに対して、A4用紙3～6枚程度が大まかな目安となります。シートは質問する相手ごとに準備しましょう。

WORK ワーク　インタビュー・シートの準備

[個人ワーク]

　「インタビュー・シート」を準備しましょう。サンプルはあくまで一例です。インタビューの内容と進め方に合わせて、枠の大きさを変えてください。重点的に質問したい項目については、空欄を大きめに取っておきましょう。ブランクのシートをあらかじめコピーして用いてください。

　インタビュー相手によって準備する質問が異なる場合は複数バージョンを作成してください。

※自身のノートやPCを使って、独自の形式でインタビュー・シートを作っても問題ありません。

インタビュー・シート（サンプル）

No.1　　　　　　　　　　　　　　　　　　　　　　　　　　　年　　月　　日

氏名	
所属・役職名	

現在の担当業務

> 本人や所属組織の情報は初めに質問する。

これまでの経験

所属組織の概要

南横浜大学では、どのような広報媒体を運営していますか。

> 主な質問を順番に並べる。十分な余白を取っておく。

南横浜大学では、誰をターゲットとして、どのような情報を発信することに力を入れていますか。

インタビュー・シート（サンプル）

No.2　　　　　　　　　　　　　　　　　　　年　　月　　日

三つの公式SNSは、どのように使い分けていますか。

学生を活用した広報活動については、どのようにお考えですか。
これまでに実施した経験などがあれば、合わせて教えてください。

> 追加質問で詳しく聞きたい項目は、回答欄を広めに取っておく。

No.3　　　　　　　　　　　　　　　　　　　　　　　年　　月　　日

現在の南横浜大学の広報活動で、足りないと思う点や、課題になっている点はありますか。

今後、広報課として力を入れていく活動や、新しく始める予定のプロジェクトがあれば教えてください。

○○さん個人として、もっと改善したいとか、取り組みたいと思っていることはありますか。

インタビュー・シート

No.　　　　　　　　　　　　　　　　　　　　　　　　　　　年　　月　　日

氏名	
所属・役職名	

No.　　　　　　　　　　　　　　　　　　　　　年　　月　　日

インタビュー・シートが準備できたら、チームメンバーとインタビューの練習をしましょう。質問者と調査対象者の役を交代しながらロールプレイをおこなってください。その際、質問の分かりやすさ、質問の順番、質問の数、話を聞く姿勢、アイコンタクトや身振り手振り、といった点に注意してください。練習を通じて、質問者と回答者の双方の視点から、改善点を考えてみましょう。

　社会学者のPattonは、インタビューの基本的なスキルを10個紹介しています。これらを参考にしながら、練習してみてください。

1. **オープンな質問をする。**考えを深く引き出せるような、相手にとって意味のあるオープンな質問をしましょう。
2. **質問を明確にする。**質問は、わかりやすく、焦点が明確で、答えやすい内容にしましょう。
3. **話をしっかり聞く。**相手の答えに注意を払い、しっかり聞いていることを伝えましょう。聞いたことに対して適切に反応することも大切です。
4. **必要に応じて掘り下げる。**もっと詳しく知りたい場合は追加の質問をしましょう。そうすることで、どの程度詳細を求めているのかが伝わります。
5. **観察する。**相手の様子や反応を見ながら、インタビューの進行を調整しましょう。インタビューは観察でもあります。
6. **共感しつつも中立であること。**興味を持って接しつつも、判断せずに接しましょう。これを「共感的中立性」と言います。
7. **流れを作る。**インタビューの進行を手助けし、相手がスムーズに答えられるようにしましょう。
8. **質問の種類を区別する。**ただ事実を聞くだけの質問と、相手の考えや判断を聞く質問を区別しましょう。行動、態度、知識、感情に関する質問も区別することが大切です。
9. **予想外の事態に備える。**インタビュー中に予期せぬことが起こるかもしれません。柔軟に対応できるようにしましょう。
10. **常に集中していること。**相手はあなたが集中しているかわかります。気が散っていたり、注意を払っていないと感じさせないようにしましょう。

（Patton, 2015: 428）

WORK ワーク

インタビューの練習

[グループワーク]

実際のインタビュー・シートを用いて、チームメンバーとインタビューの練習をしましょう。回答者役は、実際にインタビューを受けているつもりで、質問に答えてください。インタビューの流れやコミュニケーションのスムーズさを中心に、良かった点と改善点を話し合ってください。

▶インタビューする側は、質問の言い回しや順番に不自然な点はないか、シートの構成に改善すべき点がないか、また、(本番では)この質問で自分の関心が聞き出せそうか、といった点に注意してください。

▶インタビューを受ける側は、質問に答えやすいか、インタビュアーのコミュニケーションが自然か、メモや録音が不自然に感じないか、といった点に注目しつつフィードバックしてください。

⑤インタビュー当日の注意点

インタビュー当日は、時間厳守です。また、第一印象もとても大事ですので、清潔感のある服装で参加するようにしましょう。

[当日の持ち物]
- ☐ インタビュー・シート(またはノート)　☐ 筆記用具
- ☐ 録音機器(ICレコーダー等)　☐ 調査依頼状(送付済みのもの)

インタビュー冒頭では、次の二点をおこないましょう。

まずは、調査概要と目的、データの利用方法を改めて説明してください。調査依頼状に記載した内容を伝えるだけで構いません。忙しい相手はメールを読み飛ばすことも多いので、しつこい気がするかもしれませんが、再度確認してもらうことが大切です。

そして、録音の許可です。相手が録音を希望しない場合は、筆記によるメモだけでも許可してもらえるか確認しましょう。メモは、PCやタブレットを使用しても構いませんが、相手によって、またメモの取り方によっては良くない印象を抱かせることもありま

す。常に相手とアイコンタクトを取り、なるべく静かにタイピングするといった工夫が重要です。録音機器はICレコーダーやスマートフォンを用いることが一般的です。なお、オフィス、カフェ、野外などでは、環境音による影響が出ることもあります。可能であれば、同じ環境、同じ機器を用いて事前テストを行いましょう。

⑥インタビュー実施後

インタビューが終わったら、御礼のメールを送りましょう。忙しい中時間を割いてくれたことに感謝を伝えるとともに、印象に残った点や学んだ点を伝えると良い印象を残せることがあります。

そして、記憶が薄れる前に、インタビュー内容を文章としてまとめることをお勧めします。録音していたとしても、音質が悪い箇所があったりしますし、そもそも長時間のインタビューを再度聞き返すのは気力が必要な作業です。また、インタビュー・シートにはその場で急いで残したメモ、キーワードの殴り書き、謎の記号があふれていて、1週間もすれば解読不能になってしまいます。

記録を残す方法は大きく分けて二つです。

一つ目は、インタビュー・シートを清書する方法です。質問やトピックごとに聞き取り内容をまとめ、「問い」に対する答えや新たな発見を整理して書き出していきましょう。ただし、事前に用意した質問から外れた答えや会話も、重要なデータですので、無理に当初の枠内に収めようとせず、別の欄に書き留めておきましょう。

もう一つは、インタビュー内容を一言一句書き起こす「文字起こし」をする方法です。文字起こしをすることで、回答者が用いた言葉を正確に見直すことができますが、非常に時間がかかります。分析手法次第ですが、文字起こしは必須ではありません。

どの方法を使うにしても、インタビュー全体の流れが分かるよう、情報を過度に絞り込まずに記録しましょう。

❻個人情報保護についての注意

最後に、調査に当たっての注意事項です。インタビュー調査では、個人情報や組織に関する機密情報に触れることがよくあります。取扱いに注意を要する情報ですので、情報漏洩が起きないように十分注意してください。録音や文字起こし等の記録データにはパスワードをかけ、データ保管期間が終わったら、速やかに削除してください。また、最近はAI等を使った文字起こしサービスなども広がっていますが、文字起こしの際に学習デー

タとして利用されるリスクがないか等、情報保護の観点から問題ないか十分注意してください。インタビューで知った情報は、家族や友人であっても漏らさないということも注意してください。

インタビュー協力者のプライバシーも保護する必要があります。協力者の身元が明らかにならないよう「匿名性」を確保することは、調査者にとって最も重要な責任のひとつです。匿名性が破られると、協力者に不利益や危険をもたらす可能性があります。調査の内容を発表する際は、氏名や所属名をはじめ、回答者の特定につながる情報が秘匿されるよう、細心の注意を払いましょう。

❼より詳しく知るために

本書ではあくまで基本的な情報しか載せていませんが、調査方法は非常に奥深いトピックです。卒業研究として本格的な調査をおこなう場合や、学術研究としての質を高めたい場合には、専門的な学習が不可欠です。学問分野によってさまざまなテキストがありますので、指導教員に相談してみるのが良いでしょう。

自学自習をする場合は、社会調査の入門書を読むことをお勧めします。以下に一例を挙げます。他にもたくさん出版されていますので、読み比べて自分に合ったテキストを探してみてください。

質的調査について
文貞實・山口恵子・小山弘美・山本薫子，2023，『社会にひらく社会調査入門』ミネルヴァ書房．
山口富子編著，2023，『インタビュー調査法入門：質的調査実習の工夫と実践』ミネルヴァ書房．

量的調査について
森岡清志編，2007，『ガイドブック社会調査　第2版』日本評論社．
大谷信介・木下栄二・後藤範章・小松洋，2023，『最新・社会調査へのアプローチ——論理と方法——』
　　ミネルヴァ書房．

第5章 プロジェクトの進め方②
社会を「みる」

❶観察や体験から学ぶ

「みる」は、「見る」にとどまらず、幅広い直接的な体験を意味します。「みる」プロジェクトは、対象とする社会の現場を訪問し、視察や体験を経て、状況や課題について理解を深めることを目的とします。文献調査やインタビュー調査では、基本的に誰かを介して得た情報を通して「知る」ことになりますが、「みる」プロジェクトでは自身が観察者となるため、自分なりの視点で状況や課題を把握するという特徴があります。

「百聞は一見に如かず」という言葉通り、自分の五感で体験して初めて理解できることは数多いです。土地が変われば、空気には知らない匂いが混じり、独特の湿度や日差しが皮膚から伝わり、耳には馴染みのない言語やアクセント、音楽、人々の生活音や動物の声が流れ込んできます。情報通信技術は日々目まぐるしく発展していますが、今のところ、このような体験を代替できるような技術は生まれていません。日本にいても多様な国・地域の料理を味わうことができますが、現地で食べるものと比べると、優劣ではなく、何かが違うと感じることでしょう。このような、主観的・体験的な情報を得ることも、「みる」プロジェクトの目的です。

「みる」と「知る」は、どちらも社会課題を理解するために重要な手法で、お互いに補完するものです。可能であれば、プロジェクトにはどちらの要素も含めることが良いでしょう。文献調査や「知る」調査を踏まえることで、何をどのように「みる」べきかが明確になり、現地での活動がより有効になります。また、「みる」プロジェクトの実施中に、現地の人々へのインタビューを組み合わせることもできます。

❷手法としての「みる」プロジェクト

「みる」には幅広い活動が含まれます。知らない土地で人々と交流するだけでも、多くのことを「みる」ことができます。しかし、大学でPBLとして行う以上、限られた時間内で学術的・社会的意義のある学びを得るために、適切なフィールドワークの手法を用いることが望まれます。ここでは、二つの手法を紹介します。自身の目的に対して適切な手法を考えてみましょう。

①参与観察

参与観察は、調査対象の集団の中で生活しながら観察を行い、その集団の日常や文化、人や物のつながりについて深く学ぶ質的研究手法です。この手法では、対象となる人々と長期間にわたって生活を共にし、信頼を築きながら社会や集団の「内側」に入り、詳細な記録を**フィールドノート**として残していきます。集団の外部者ではなく、集団の構成員でもなく、内側にいる観察者という微妙な立場から情報を得ることが、参与観察の独自性であり、難しさでもあります。調査者が集団の中に入ると、どれだけ客観的な観察者としての立場を保とうとしても、存在自体が影響を与えてしまいます。自身が与える影響に自覚的になりながら、それを含めて集団のダイナミズムを分析する必要があります。

参与観察は人類学者が異なる地域の民族を調査するための手法として発展し、現在では社会学をはじめとして広く用いられています。日本の研究者による有名な参与観察の事例に、佐藤（1984）による「暴走族のエスノグラフィー」があります。一年間京都の暴走族の集会に出入りすることで、「魅力─リスク」のために活動するという、当時主流ではなかった暴走族像を描き出したものです。佐藤は同書を「本書は、一枚の画布(カンバス)である。その上には、暴走族の「顔」が描かれている。」（佐藤，1984：1）という書き出しで始めています。つまり、集団やカテゴリーとしてではなく、一人ひとりの個人としての調査対象者と関わり、観察する中での気づきから得られる学びが参与観察では重要だといえます。

参与観察は魅力的な「みる」手法ですが、調査対象の集団と関係を築き、受け入れられるには相当な時間がかかります。大学生として取り組むPBLの場合、大学周辺地域のコミュニティ（町会、商工会など）や、ある期間を通して実施されるイベント（地域のお祭りなど）などであれば、実行しやすいかもしれません。

②スタディツアー型研修

スタディツアーは、学びを目的とした現地視察や社会・文化体験、人々との交流、ボランティア等の実習、教育機関での講義、引率教員による講義、探究活動などを組み合わせた研修のことを指します。大学が国内外で実施する研修プログラムが、「スタディツアー」や「フィールドスタディ」の形式を取っています（以下、統一してスタディツアーと呼びます）。大学が主催するプログラムのほかにも、ゼミやサークル単位で実施する自主企画、旅行会社等が販売する教育旅行商品などがあります。

スタディツアーは、担当教職員や実施団体の独自のネットワークや専門知識を生かして企画されるため、一般的な観光旅行にはない体験や学びを得られるという魅力がありま

す。筆者はある大学でアフリカ諸国（カメルーン共和国、ベナン共和国、南アフリカ共和国）でのスタディツアーの企画と運営に携わっていました。いずれの国も、訪問先に関する知識や、海外渡航や危機対応の経験、受入機関とのつながり等がなければ、大学生が一人で旅行することは困難です。また実際に訪問できたとしても、現地の大学生との交流や企業・機関への訪問など、自力では手配が難しい活動もあります。このような場合には特に、大学が企画するスタディツアーは貴重な機会になります。さらに、訪問先地域やテーマの専門家である教員による指導を受けながら訪問することで、学びが深まるという魅力もあります。

短期間で多くの経験や学びを得ることができるスタディツアーですが、一時的な非日常体験として満足してしまう「ハネムーン効果」で終わってしまうという指摘もあります（藤原，2017）。渡航前の事前学習や事後の振り返り、継続学習などと組み合わせて、長期的な学びに繋げることが重要です。

❸「みる」プロジェクトの準備（スタディツアー）

大学生が参加するスタディツアーを想定し、「みる」プロジェクトをより有意義なものにするためのワークを用意しました。本書では海外でのスタディツアーを想定して説明していますが、国内で実施されるプロジェクトにも活用できます。

一般的なスタディツアーは、渡航前の事前研修（担当教員による講義や渡航準備）、現地研修、事後研修（振り返りなど）で構成されています。基本的にはグループ行動で、現地での活動内容は主催者によってある程度決められていることが多いです。通常の授業科目がシラバスに沿って実施されるのと同じく、学生自身が訪問先や研修内容を決定する機会はあまりないかもしれません。

このような場合、参加学生が主体性を発揮する機会が一見少なく、ただツアーに参加しているだけになってしまうことがあります。しかし、実際には、自分自身がどのような行動を取るかによって、ツアーでの経験は大きく異なります。例えば、訪問先の機関や企業について何も知らずに行ってしまうと、先方の話を聞いても、その場で思いついたことを質問する程度にとどまります。事前に調査をすることで、具体的な質問や疑問について熟考する時間が持て、さらに深い学びが期待できます。先方も、下調べをして積極的に質問する学生には、より丁寧な説明をしてくれるにちがいありません。あるいは、現地の大学生との交流でも、訪問先の地域や大学について事前に調べ、自分たちのことを紹介する準備をしておけば、交流の質が大きく変わります。せっかくスタディツアーでしか得られな

い体験をするのですから、その機会を十分生かせるような準備をしていきましょう。

　最初のワークとして、現地での活動計画シートを作成しましょう。研修期間中に行う日々の活動と、自身が取り組む目標を定めることで、研修期間をより有意義に過ごすためのものです。例えば、現地の大学生との交流会が「活動」の場合、話してみたい話題や、日本について紹介したいことなどが、目標として考えられます。

　「みる」プロジェクトでも、第3章で定めた「問い」が重要になります。訪問先や交流相手について下調べをしたうえで、問いに答えるために必要な行動や学びを考えて、日々の活動を通じて達成できるようにしておきましょう。

WORK / ワーク

活動計画シートの作成

[個人ワーク]

　現地での日々の活動予定を立てましょう。研修期間の各日程について、日々の活動内容の概要と、各活動において自身が取り組む目標を書き出しましょう。活動予定が三つよりも多い場合は、シートをコピーするなどして、ツアーの実態に合った情報を記入してください。

活動計画シート

プログラム名		氏名		Day	
活動					
概要					
目標	① ② ③				

〈MEMO〉

活動	
概要	
目標	① ② ③

活動	
概要	
目標	① ② ③

活動計画シート

プログラム名		氏名		Day	
活動					
概要					
目標	① ② ③				

〈MEMO〉

活動	
概要	
目標	① ② ③

活動	
概要	
目標	① ② ③

❹研修記録の取り方

スタディツアー中は日々の出来事をしっかり記録しましょう。海外研修を楽しむだけでなく、訪問先や出来事の詳細をしっかり記録することで、後から振り返りや分析がしやすくなり、体験をより深く理解することができます。そこで、研修記録の取り方について考えてみましょう。

研修中にどれだけ素晴らしい体験をしても、時間が経つにつれて記憶が薄れていき、詳細が曖昧になったり、いつの間にか変容してしまいます。第4章で触れたインタビュー調査ではインタビュー・シートや文字起こしを用いますが、これは調査対象者の語りを文字情報として詳細に記録するための方法です。対してフィールドワークでは、出会った人々とのやり取りだけでなく、場所、気候、自然、時間、そのほか五感で感じる情報や、主観的な感覚や感情までもが、記録の対象となります。このような、「本質的に言語化しにくい主観的な生活をもつ体験の内容を限界ギリギリのところまで文字の形で記録」（佐藤，2002：158）したものを、**フィールドノート**と呼びます*。スタディツアーでは、イベント（○○見学、△△大学との交流会、など）を単位としてフィールドノートを作成し、その時々の気づきや出来事を書き残せることが望ましいです。また、移動時間や食事の時間など、何気ない時間に重要な気付きが得られることもありますので、気づいたことはとにかくメモを取っておきましょう。

◉フィールドノートの作成方法

その場で書き取るメモと、清書用のフィールドノートを別に用意することが一般的です。スタディツアー中は（ツアーを十分楽しみながらも）出来事をこまめにメモし、まとまった時間が取れたらなるべく早めに清書するようにしましょう。清書には、絵や図を書き込んだり、写真なども張り付けたりしても構いませんが、前後の文脈も含めて文字情報でしっかりと記録することが重要です。後のデータ分析・統合の際にも文字情報が便利です。

ノート作成にはPCやタブレットを使用しても構いません。スマートフォンでも良いですが、図式や絵を書き足すことが容易な方法をおすすめします。

＊日本語で「フィールドノート」と言うときには、野帳（ノートブック）の意味と、調査中に取ったメモの両方の意味があるため、後者を「フィールドノーツ」と称することがあります（佐藤 2002）。本書では主にメモのことを言及しますが、より一般的な表現である「フィールドノート」を用いています。

また、撮影や録音を行う際には、プライバシー保護に十分配慮しましょう（詳しくは本章⑤を参照）。

フィールドノートに含めるべき項目は、主に以下になります。
- ☐ 日付と時間、場所
- ☐ 出来事の概要（出来事の時系列、誰がいたか、どんな会話がされたか）
- ☐ 視覚、聴覚、嗅覚、触覚、味覚など、五感に基づく情報
- ☐ 出来事に対する自身の反応や対応
- ☐ 疑問点や、今後確認が必要な点
- ☐ 自身が気付いたことや学んだこと

（Sunstein & Chiseri-Strater, 2012: 83 を元に作成）

フィールドノートの書き方は多種多様ですが、肝心なことは、あとから読み返したときに、当時の状況が把握できることです。そのためには、出来事の時系列など全体を俯瞰できる情報と、重要な人物ややり取りの詳細な描写の両方が必要です。描写の際には、できるだけ客観的な表現を心がけましょう。例えば、「このラーメンは味が濃かった」とだけ書かれていてもどんな味か分かりませんが、「この豚骨ラーメンはスープが白濁して油分が多く、ニンニクが効いており、さらに塩味も強かった」であれば想像がつきやすいのではないでしょうか。「男性はかっちりした服装だった」と、「男性の服装は、上下ネイビーのスーツ、ピンクのネクタイ、黒の革靴だった」だと、どうでしょうか。これらは一見些細なことに思えますが、当時の情景を正確に記録するために役立つ情報です。

また、事実と自身の解釈を区別することも大切です。例えば、「学生課窓口で応対した男性は、私が提出した申請書を見て、日付の記入漏れがある、空欄に「なし」と書いていない、住所の番地の書き方が免許証と違う、と書類の不備をひとつひとつ指摘して書き直しを命じた」は事実に基づいた記載ですが、「学生課窓口で応対した男性は、事務的で神経質で高圧的だった」は自身の解釈です。フィールドノートには事実を中心に記載することで、後で見返した時や、分析の際に有効な情報になります。

出来事を詳細に記録するには多くの時間と体力が必要ですが、まずはできるだけ多くのことを記録するようにしましょう。経験を積むことで、どの情報を記録すべきかが分かるようになります。以下にはフィールドノートの例を示します。あくまで例ですので、実際にフィールドノートを付けながら、自分に合った方法を探し出してください。なお、研究者や分野によるノートの付け方、使い方、選び方の違いに関心があれば、梶・丹羽・椎野編（2016）が参考になります。

フィールドノート例

| 2024年8月30日 | 東ヤウンデ大学 中央カフェテリア |

東ヤウンデ大学での学生交流会

12:42	中央カフェテリアに到着
13:00	学生交流会開始予定時刻
13:50	交流会開会　〜学長ほか関係者からの挨拶
14:40	ランチ＆交流会
15:35	記念写真撮影、閉式

12:42
千代田大学の学生13名、引率教職員2名が中央カフェテリアに到着。東ヤウンデ大学の学生と思われる若者7名が入口で待っており、手を叩きながら笑顔で迎えてくれた。
カフェテリアはガラス張りの1階建て木造建築で、天井が高く開放的な空間だ。入口から右手には4人掛けの長机が3卓ずつ、3列に配置されている。各テーブルには白いテーブルクロスがかけられ、中央に小さな花瓶と赤い花が飾られている。左手は広々としており、中央にマイクスタンドが一本立っている。奥にはオープンキッチンがあり、白いコック帽を被った中年の男性が作業をしている。
学生の一人、背が高く短髪の男性が近づいてきて握手を交わした。「教員がまだ到着していないので、少々お待ちください」と英語で説明してくれた。発音は明瞭で、強いアクセントは感じられない。

13:10
交流会の開始予定時刻は13時だったが、先方の教員たちはまだ現れていない。東ヤウンデ大学の学生たちはテーブルに座り、千代田大学の学生たちと英語で自己紹介を始めている。千代田大学の学生たちは少し緊張した面持ちだが、笑顔で応じている。

13:20
東ヤウンデの学生の一人の提案で、キャンパスを案内してもらえることになった。カフェテリアから正門への道を歩くと、両脇には背の高いヤシの木や色鮮やかなブーゲンビリアが植えられている。キャンパスには人がほとんどいないが、木造の教室の中では若者たちが何やら話し合っている。

13:35
カフェテリアに戻ると、室内の様子が変わっていた。テーブルには新たに銀色のカトラリーと水の入ったグラスが並べられ、壁には東ヤウンデ大学と千代田大学の校章が描かれたバナーが掲げられている。（こちらからは画像は提供していない。）

フィールドノート例

13:40
先方の教員たちが到着。学長を含む5名の教員が入口から入ってきた。学長は光沢のある黒地の生地で作られた立襟のシャツを着ており、襟と袖口は金色の刺繍で縁取られている。シャツの裾は膝下まで長く垂れ、下には同生地のズボンを履いている。
教員たちが千代田大学の学生一人ひとりと握手を交わす。学長は深く頷きながら「Welcome to EYU.」と声をかけている。学生たちは緊張した面持ちで「サンキュー」と返答している。

13:50
司会進行役の東ヤウンデ大学の学生、眼鏡をかけた女性がマイクを手に取り、「これより学生交流会を始めます」と英語で宣言。白いブラウス、ロイヤルブルーのズボン。
学長の挨拶が始まる。マイクスタンドの前に立ち、フランス語訛りのゆっくりとした英語で「本日は遠い日本からお越しいただき、誠にありがとうございます」と述べる。続けて、「東ヤウンデ大学と千代田大学の友好関係を深める機会を大変嬉しく思います」と語る。

14:15
学長のスピーチが続く。東ヤウンデ大学の設立経緯や、千代田大学との交流開始の経緯や、これまでの国際交流の成果、これまで同大学を訪れた千代田大学の教員などについて言及しながら説明している。千代田大学の学生たちは立ったまま聞いている。ゆらゆらと気を失いそうな学生が2名。

14:25
学長の挨拶が終了し、続いて教員たちが順番にスピーチをおこなう。5人の教員は、工学、経済、経営、国際政治、言語学、の教員。それぞれ自身の研究テーマを説明している。男性3名、女性2名。

14:40
すべてのスピーチが終わり、歓待の食事が運ばれてくる。白いシャツと黒いベストを着た給仕スタッフが、大きな銀色のトレイに乗せた料理を各テーブルに配っていく。料理からはスパイスの香りが立ち上り、空腹を刺激する。

14:45
東ヤウンデ大学の学生たちが料理の説明を始める。一皿目は「ンドーレ」と呼ばれる料理で、ほうれん草のような葉野菜とピーナッツ、牛肉が煮込まれたものだ。伝統的な料理らしい。
---＜以下略＞---

〈メモ〉
・開始が1時間近く遅れたが、特に理由はわからなかった。何かあったのだろうか。
・英語が流ちょうな学生と教員が1名ずついた。出身地だろうか。今後聞いてみたい。
・食事がとても美味しい！　勧められるまま生野菜もたくさん食べたが、大丈夫だろうか。

> **WORK　ワーク**
>
> ## フィールドノート作成の練習
>
> [グループワーク]
>
> 　身の回りの出来事を題材にして、実際にフィールドノートを作成してみましょう。題材は自由ですが、以下の条件を満たすものを選んで観察してください。
>
> ①時間の経過とともに出来事に変化があること
> ②複数の人が関わっていること
> ③自分がその場にいることが不自然ではない場所や状況であること
>
> 　例えば、サークル活動、キャンパス内のイベントなどです。
>
> 　観察時間の目安は30分から1.5時間程度です。ノート、PC、タブレットなどを使い、自身にとって取り組みやすい方法で記録してください。
>
> 　観察・記録は2〜3人のペアで行ってください。清書が終わったら、ペア同士でフィールドノートを見比べてください。記録した対象、記述内容、自身の反応にはどのような違いがあったかを話し合いましょう。さらに、後日読み返す際に実際の出来事を思い出すために必要な情報が揃っているか、お互いにフィードバックしましょう。
>
> 　　　　　　　　　　　　　　　※このワークにワークシートはありません。

❺「みる」プロジェクトにおける倫理の問題

　最後に、「みる」プロジェクトを実施する際の注意点です。スタディツアーやフィールドワークとして研修や調査をする際、訪問先が異国であれ、国内や地元であれ、自分たちがその場所に踏み入るということが相手にとってどのような意味を持つのか、自覚的になることが大切です。

　皆さんが大学の学食で昼食を食べているときに、見知らぬ人々がスマートフォンとノートを持ってやってきて、何の断りもなく写真を撮ったりメモを取ったりしていたら、不信感や違和感を覚えるでしょう。ましてやそれを「分析」して、どこかの学会で「発表」されたりすると、憤りを感じる人もいるのではないでしょうか。

調査者には「みられる」側の権利、利益、信条を守る責任があります。撮影や録音を行う際は必ず事前に目的を伝え、相手から許可を取る必要があります。また、報告書や発表の際には、たとえ授業内のような内輪の場であっても、情報提供者は仮名やイニシャルにし、役職名・組織名などから個人が分からないように加工して、匿名性を保つ必要もあります（Spradley, 1980=2010: 27-32）。許可が得られない場合は、撮影や記録は行わないようにしましょう。また、許可を得ずにフィールドから何かを持ち帰ることは当然ながら禁止です。

　さらに一歩進んで、皆さんがこのプロジェクトに取り組むことによって、情報提供者や受け入れ団体にどのような意義やメリットがあるのかも考えてみましょう。例えば、あまり知られていない社会の一部にスポットライトが当たる、社会課題の理解者が増える、といった実際的なメリットがあるかもしれません。学術的な発展や若者の学びを支援することに社会貢献として意義を感じる人もいるかもしれません。あるいは、皆さんの調査結果を相手に報告する機会があれば、相手にとって有益かもしれません。いずれにしても、ただ自分たちのためのプロジェクトにせず、相手にとっても何かしら価値が生み出せるように努力しましょう（Spradley, 1980=2010: 33-34）。価値は金銭的なものである必要はありません。むしろ、プロジェクトの最終報告書を相手に共有したり、社会に向けて発信したり、学生ならでは、大学のPBLならではのお返しを考えてみましょう。

　まずは、相手にとって皆さんのプロジェクトに協力する意義を考えて、その意義を相手に伝える方法を考えてみましょう。これが、本章最後のグループワークです。

WORK ワーク

「みる」研修を受け入れる意義は？

1. ［個人ワーク］

　現地社会や受け入れ機関にとって、皆さんのツアーやフィードワークを受け入れる意義には、どのようなことが考えられますか。まずは自分で考えて書き出してみましょう。

　「みる」研修では複数の受け入れ先が存在します。スタディツアーであれば、視察を受け入れる企業・公的機関・NGO等、観光客として受け入れる地域、現地で交流する大学、などです。特にお世話になったり、迷惑をかけそうな受け入れ先を選び、考えてみてください。

2. ［グループワーク］

　検討した内容をチームで共有し、受け入れ先にその意義をどのように伝えれば良いか、具体的な伝え方を含めて話し合ってください。「初対面の挨拶でこう伝える……」など、実際の場面を想定して考えてみてください。

氏名

研修先にとっての意義を考えよう

プロジェクト名	
研修先の地域、機関、団体など	

研修先にとって、プロジェクトを受け入れる意義

意義をどのように伝えるか（具体的に）

第6章 プロジェクトの進め方③
社会について「考える」

❶ データから考える

　社会について「考える」プロジェクトでは、社会との協働や調査から得た情報を基にして社会課題の解決を考えます。さまざまなアプローチがありますが、ここでは、「知る」や「みる」によって収集したデータを整理・統合し、分析した結果をもとに、企画や提案としてまとめていく方法を扱います。「考える」によって立案した企画や提案は、次章の「働きかける」で実行に移されることになります。

　さて、ここまで皆さんはインタビューやフィールドワークでデータを収集してきたわけですが、このデータを分析して企画立案まで持っていくには、さらにいくつかのステップを踏む必要があります。理由は二つあります。まず、収集したばかりのデータは、そのままでは解釈が難しい場合が多いです。不要な情報を取り除いて焦点を絞り、データが「何を語っているのか」を明確にする必要があります。しかし、ただ要約するだけでは、重要なデータが埋もれてしまうことがあります。そのため、ひとまずデータを細かく分解し、いろいろな組み合わせを試して、さまざまな角度から眺めてから、最適な結合方法を考える必要があります。

　もうひとつの理由は、課題に対して私たちがすでに持っている思い込みや「こうあるべき」という信念（確証バイアス）を乗り越える必要があるということです。自分の信念や思い込みを証明するためにデータを集めるのではなく、「関係のありそうなデータを片っ端から集め、そのデータをして語らしめ、データの語る物語に従って、新しいアイデアを発想させる」（矢野，2023：261）ことが必要です。つまり、データから「考える」ことで、自身の思考の枠を広げ、新たな発想を生み出す必要があるのです。

　本章では、インタビュー調査やスタディツアーで収集した質的データを分析する手法として、**KJ法***を紹介します。量的調査を行う場合は、統計分析が必要となるため、第4章で紹介した参考文献を参照してください。KJ法は幅広い分野で用いられる情報の整理・統合の手法です。自由度が高く、分析を通して自身の発想力を鍛えることができる手

＊「KJ法」は川喜田研究所の登録商標です。

法として知られています。文化人類学者・民族地理学者の川喜田二郎（Kawakita Jiro）が野外研究の経験をもとに考案した手法で、［問題提起→探検→観察→記録→情報の分類・統合］というプロセスを通して、雑多な情報群から新たなアイデアを創り出すものです（川喜田，2017）。学術的な研究だけでなく、企業や教育の現場でもブレインストーミングやデータ統合の手法として広く活用されています。

KJ法にはいくつかのバリエーションがあります。本章では、KJ法を発展させた手法の一つである「うえの式質的分析法」（上野，2017；2018）を参考にしながら、シンプルなワーク課題を用意しました。より詳細な分析をおこなう際には、川喜田（2017）や上野（2018）などを参考にして取り組んでみてください。

WORK ワーク　質的データ分析の実践

本章②の手順に従って、収集した質的データの分析を実践しましょう。

なお、KJ法やそこから派生した分析手法は、個人でも、グループでも実施することができます。データをグループで収集した場合は分析もグループで、個人で収集した場合（フィールドノートなど）は個人で、分析まで取り組んでみましょう。

❷質的データ分析の手順

①事前準備

準備するものは以下の通りです。これらに加えて、模造紙を広げられる机が必要です。

- □ ボールペン
- □ マーカー
- □ カード（付箋や紙片でも代用可）
　　サイズは名刺大程度が望ましい
- □ クリップ
- □ 輪ゴム
- □ 模造紙（A0，B0サイズなど大きなもの）

②データのユニット化

　はじめに、収集した質的データを分解していきます。インタビュー調査の場合はインタビュー・シートや文字起こし、スタディツアーならばフィールドノートの形式でデータがまとまっているはずです。ほかにも、文献調査から得たテキストデータや、アンケート調査の自由記述なども対象にすることができます。以下の要領でテキストデータをユニット（単位）化して、改めてグループにまとめ直していくのが最初の作業です。

　まずはテキストデータから情報の塊を抜き出し、カード・付箋に書き出します。これを**ユニット（単位）**と呼びます。1ユニットの目安は、その紙だけで情報が完結する「一行見出し」程度の量です。元の発言を生かしつつも、適度に要約してください。以下がユニットの一例です。カードには、通し番号を記載しておきましょう。また、インタビューやアンケートの自由記述の場合は、発言者名を匿名のコードにして記載しておくと、元の文脈が把握しやすくなります。

　「大学広報の仕事の面白さは、先生達の研究内容を一般の人が聞いても分かるような記事にしたり……あとうちの学生はゼミやサークルで頑張っている学生がとても多いんです。学生の姿を見せると反応が良いですし、大学ならではかなと思います。ただ、やっぱりうちの大学はそんなに有名ではないので、どうやったら知らない人にも魅力が伝わるか

001
研究内容を分かりやすく社会に発信することの面白さ。　KH1

002
学生の活躍をアピールするのは大学広報ならでは。　KH1

003
マイナー大学の魅力を伝えるのは悩ましい。　KH1

004
教育に直接関わる仕事ではない。国際交流の方がよかった。　　KH2

005
英語による情報発信が増えている。
　　　　　　　　　　　KH2

なーというのはいつも難しいです。」（大学広報課 五浦さん）

→ カード001、002、003

「私自身は国際交流の仕事が長くて、今年になって広報課に移ってきました。多分（広報課に）英語を話せる人がいないから、呼ばれたんだと思います。最近は英語で発信することも求められてきたので……私は教育プログラムに関わりたかったので、前の仕事のほうが好きです。」（大学広報課 堀内さん）

→ カード004、005

1ユニットに含まれる情報が多すぎたり、少なすぎると次の作業（グループ化）が難しくなります。なお、インタビューの文字起こしなど、内容が整然としていないテキストについては、そのまま切り取るよりも適度に要約していった方がユニット化しやすいです。

③ユニットの分類

持っているテキストデータから、ひたすらユニットを書き出していくと、目の前には大量のカードが揃っているはずです。次は、このカードを分類していきます。

模造紙を机の上に置いて、動かないように固定します。まず、模造紙の上にカードを1枚置きます。次に2枚目を出して、同じカテゴリーかどうかという基準で分類します。同じカテゴリーならカードを並べ、違う場合は離れた場所に置きます。3枚目以降も同様ですが、それぞれのグループに対して属するか異なるかを確認しながら進めます。このとき、言葉が似ているかではなく、意味が同じかどうかで判断します。言い換えると、「同じことを言っている」かが基準です。深く考えず、直感に基づいて判断し、カードを分類していきましょう。

分類を進めていくと、「同じことを言っている」カードが徐々に増えてくるはずです。グループの数が20～30程度、1グループに含まれるユニットが10未満となるようにまとめるのが妥当です。大きく外れている場合は、分類をより細分化したり、グループ同士を統合したりする必要があります。あるいは、単語だけのユニットや、長文をそのまま使っているユニットがないか確認し、必要に応じてカードを作り直しましょう。

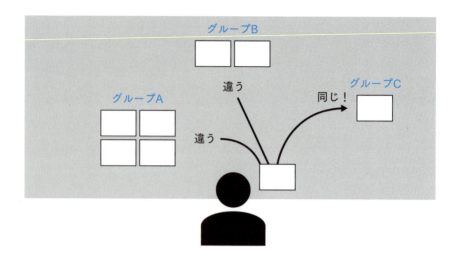

　分類が終わったら、各グループのユニットの共通点を探して、それを表す言葉によって**表札（カテゴリー名）**を名付けます。分類は何かしらの「直感」に基づいて行っているはずですが、表札を名付ける作業は、その直感を言語化することだといえます。<u>表札はただの単語ではなく、元の言葉を生かした、生々しい言葉で名付けましょう</u>。同じグループのユニットが語ろうとしていることが凝縮したような表札を考えることで、皆さんの発想力が磨かれていきます。

　表札が決まったら、同じカテゴリーのカードを輪ゴムかクリップでまとめて、一番上に表札を書いたカードを置きます。模造紙の上には、表札が上に表示されたカードの束が配置されているはずです。

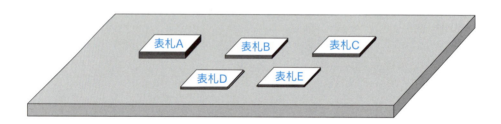

④チャート化

　グループごとの束をさらに再配置しましょう。似ているものは近く、異なるものは遠くに配置します。場所が決まったら、束をほどき、グループごとにまとめて並べます。表札を頭もしくは中心にしましょう。配置が終わったら、模造紙の上に浮かぶ「島々」ができているはずです。

次に、グループごとの関係について記号を使って表現し、**チャート図**を作っていきます。使用する記号は3種類です。

因果（A → B）……AがBの原因と思われる。
相関（A ↔ B）……AとBが相互に影響している。
対立（A × B）……AとBは対立もしくは矛盾している。

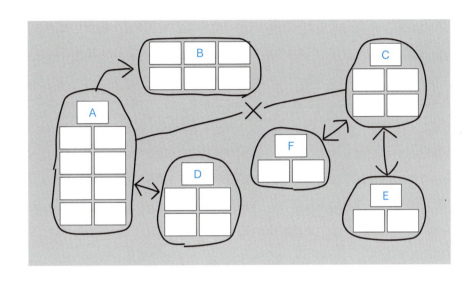

無関係のグループ間には記号を何も引きませんので、グループ間の関係は全部で4種類となります。因果、相関、対立、無関係という関係性を厳密に把握することは難しいですが、このワークでは自身が持っている情報に基づいた推論、つまり「〇〇ではないだろうか」というレベルで構いませんので、関係を図式化していきましょう。推論を検証するには別の手続きが必要だという点だけ覚えておいてください。

一連の作業は、PCソフトウェアやオンラインツールで実行することもできます。特にオンラインのホワイトボードアプリは、遠隔で協働作業をする際に非常に有効です。カードの文字が読みやすく、矢印などの記号を修正しやすい、といったメリットもあります。ただし、PC等の画面では一覧できる範囲が狭いので全体像をつかみ難く、実際のカードを使ったほうがグループの位置関係をつかみやすいといった特徴があります。また、PCで作業するとカードを作る際に、テキストデータをコピー＆ペーストをしてしまいがちなので、注意が必要です。ただ発言を断片化するのではなく、元の文脈を踏まえたうえで情報のまとまり（ユニット）を作ることを意識しましょう。

❸分析結果のまとめ

◉文章化の手順

　チャート図が完成したら、いよいよ分析結果を文章化する段階です。授業ではレポートやプレゼンテーションとして発表することになるでしょう。基本的には、グループに分類したデータが「何を語ろうとしているか」と、グループ間の関係を解釈しながら、ストーリーとして組み立てていくことになります。改めて、第3章で定めた「問い」に立ち戻り、問いへの答えとなるようにストーリーを組み立てていきましょう。

　難しいのは、どこから始めてどのような順番でストーリーを語っていくか、そしてその順序に適切な「接続詞」をどう選ぶかです。チャート図上の表札を見渡しながら考えて、いろいろなパターンを試してみてください。因果関係なら「だから」や「したがって」、対立関係なら「しかし」や「ところが」、相関関係なら「同時に」が接続詞として使われます。また、矢印で結べない無関係のグループについても、「とはいえ」、「そもそも」といった転換の接続詞を用いて、文章の中に組み込んでみましょう。基本的には、すべてのグループを使うつもりで、ストーリーの流れと語り方を試行錯誤してください。グループの順番が章立てに、接続詞が章の始まり方になります。

　文章化する際には、テキストの元々の文脈に立ち戻りながら肉付けすることが重要です。例えば、グループ化したユニットの発言者の傾向や、情報の時系列などです。特徴的な発言があれば「　　」を付けて引用することも効果的です。事前調査から得られた情報や追加のデータも組み合わせることで、論文や報告書としての深みが増していきます。

◉解釈のチェック

　最後に、以下のチェックリストを用意しました。文章化の際に活用してください。本格的に論文やプレゼンテーションを作成する前に、まずアウトラインを作成し、チェックすることをお勧めします。一度文章を書き上げてしまうと、大幅な変更が難しくなることが多いためです。また、作成途中の文章やアウトラインを他の人々に共有して、意見交換することもお勧めです。相手は、チームメンバーやクラスメイトで構いません。以下のポイントをお互いにチェックしながら、改善点を検討しましょう。

> - □ 語ろうとしているストーリーは、元々のテキストデータ（インタビュー記録、フィールドノート）や事実関係と整合的になっているか。
> - □ ストーリーはチャート図に基づいているか。余ったユニットが語ろうとしていることを無視していないか。
> - □ ストーリーの流れを重視するあまり、話を単純化し過ぎていないか。複雑で、解釈しにくいデータがあっても構わないので、そのまま提示できないか。
> - □ 事前調査や量的データと組み合わせることで、さらに深く論じることができないか。
> - □ 章立ては自然か。適切な接続詞でグループ同士がつながっているか。

❹課題に向けた提案の検討

　最後に、分析に基づいて提案や企画を「考える」です。ここまで分析してくれば、現状の課題や、悩みや、改善すべき点が、詳細に見えてきているのではないでしょうか。データから浮かび上がってきた課題やニーズに対して、解決・改善のための提案を考えていきましょう。

　連携先の相手からは、提案に関する条件は提示されていますか。提案の受け手となる相手や社会にとって必須となる要素や、制約条件が判明している場合は、立案時に踏まえておく必要があります。例えば、「予算は○円までしか使えない」、「競合他社との協働はできない」といった条件です。

　先方が達成したいゴールはどうでしょうか。基本的には、相手にとってベストな状態を達成するための方策を提案することになります。「○○商品の認知度を業界トップにしたい」、「○○公園のポイ捨てをゼロにしたい」といった組織や社会としての理想に対して、どのような取り組みが必要かを考え、提案に含めましょう。また、「残業を減らして子供と過ごす時間を増やしたい」のような、個人の要望や欲求もあるでしょう。それに対して提案が持つ効果があるなら、積極的にアピールしましょう。

　課題解決のために必要な（不足している）リソースは何で、どのように調達するのかも重要な観点です。関連して、リソースを投入した結果、期待される効果も考えてみましょう。分かる範囲で、効果をどのように測定できるか、関係者や一般の人々がどのように影響を受けるかも考えておきましょう。

> **WORK ワーク** 　**課題解決策を提案してみよう**
>
> [個人ワーク]
> 　社会課題解決のための提案や企画を考えましょう。提案の条件、ゴール、リソース、効果といった観点を踏まえながら、いつ、どこで、誰が、何を、どのように取り組むのかといった情報が、できるだけ具体的に考えられた案を検討しましょう。
> 　もし企画の検討がうまく進まない場合は、文献調査やオズボーンのチェックリスト（第3章）に立ち戻ってみてください。類似した事例や、比較できそうな事例があれば、検討の際に活用することもできます。その場合は、参考にした資料を文書内で引用するとともに、どのように参考にしたのか、なぜ今回のケースに合致するのか、といった点も丁寧に記述してください。

　提案や企画が検討できたら、文章化して全体のまとめ文章の一部に加えましょう。上記の検討シートに書いた内容をつなぎ合わせていけば、よく整理された一章になっているはずです。文章が執筆できたら、分析結果の全体像が浮かび上がってくるようなタイトルをつけて完成です。

氏名

課題解決提案シート

解決すべき課題 （悩み、改善点、等）	
条件	
ゴール	
企画・提案内容	
期待される効果	
予想される困難と 対応策	

第7章 プロジェクトの進め方④
社会に「働きかける」

❶課題解決に向けたアクション

　いよいよ、社会に向けて「働きかける」です。社会について調べたり、学んだり、得た情報を分析するだけでなく、社会に対して何かしらの変化をもたらす試みのことを指します。具体的には、課題解決の方策を実行したり、企画したイベントを開催したり、開発した製品や制度を運用したりします。「働きかける」プロジェクトには、社会から学ぶだけでなく、社会に対して還元するという意義があります。うまくいけば、プロジェクトによる影響や効果を実感できますが、その分皆さんにかかる責任も大きくなります。

　「働きかける」プロジェクトの典型的なパターンでは、「知る」や「みる」を踏まえて得た知見に基づき「考える」によって企画された提案を実行することになります。本章ではこの流れを前提に話を進めます。一方で、プロジェクトによっては、社会連携先からお題を与えられる場合もあるでしょう。例えば、産学連携のPBLで「商品Aの認知度を高めるための広報イベントを企画してほしい」という課題を受け、学生チームが企画立案からイベント開催までおこなうようなケースです。そのような場合も、まずは下調べをおこない、可能であれば先方にヒアリングするなどして理解を深め、情報の統合・分析を経たうえでプロジェクトに取り組むことをお勧めします。相手のことを十分に知ったうえで働きかける方が効果的であるためです。

❷なぜ「働きかける」のか

　具体的なプロジェクトに入る前に、もう少しだけ、「なぜ」社会に働きかけるのかを考えてみましょう。近年、大学には複雑な社会課題の解決や、既存の社会や産業構造の変革のための役割を担うことが求められています。特に、気候変動のような地球規模の「やっかいな問題」（Rittel & Webber, 1973）は、人間社会の構造と密接に結びついているため問題の範囲や原因が明確でなく、解決が難しいとされています。大学にはさまざまな分野の研究者がおり、国内外の専門家、産業界、行政、地域社会、NGOや国際機関など、社会における多様なアクターとつながる「結節点」としての役割があります。学問分野を超えた学際的な研究と、社会との協働によって、このようなやっかいな問題に取り組んでいく

ことが期待されているわけです。

　皆さんがプロジェクトを通して取り組む社会課題の多くも「やっかいな問題」としての性質を秘めています。この場合、プロジェクトが良い結果を残すことも重要なのですが、むしろ、解決に向けた社会との協働や対話のプロセスが最も重要だといえます。例えば、「海洋プラスチックごみの問題を知ってもらうために小学校で講演する」プロジェクトを開くとします。講演会の主な目的は、正しい情報を分かりやすく、記憶に残ってもらうように伝えることになります。プロジェクトの成果指標としては、何人の小学生が参加して、問題についてどの程度理解したかが挙げられるでしょう。他方で、講演に至るまでには、メンバー同士で下調べをして準備をしたり、小学校の先生たちと企画について協議したり、あらかじめ児童にヒアリングしたりするかもしれません。講演中も、ただ一方的に話すだけでなく、参加者と意見交換をしながら問題解決の方法を考える機会を設けることができます。そのような、プロジェクトを共に作り上げる協創のプロセスも重要な成果です。協創の体験は人々の記憶に残り、プロジェクトで扱うテーマを「自分事」として感じるきっかけになります（Prahalad & Ramaswamy, 2004=2013）。

　「やっかいな問題」の解決には人々の考え方や行動そのものを変えていく必要がありますが、そのためには、社会課題を自分事として捉える人々を増やすことが大切です。自分たちが社会課題を解決するために働きかけるというだけでなく、働きかける過程での協働や対話を通して、一緒に働きかける人々を増やすことが重要です。十分な下調べと検討に基づいた解決方法（提案）を用意しつつも、それを一方的に実行するのではなく、常に社会の声に耳を傾け、丁寧に対話しながら進める姿勢が重要です。

❸「働きかける」プロジェクトの例

　働きかけるプロジェクトの具体例として、関東学院大学で実施されている社会連携科目の例を挙げます。どちらも、まずは座学による「知る」学びや、地域での交流といった「みる」学びを経てから、学生による企画立案がおこなわれ、その後実際にプロジェクトが実施されています。

①地域創生まじゅんプロジェクト（2023年度、中区連携プロジェクト）

　「地域創生まじゅんプロジェクト」は、法学部が開講するPBL科目です。2018年に沖縄県をフィールドとした地域連携科目としてスタートし、現在では他の地域にも拡大しています。2023年度は横浜市との連携のもと、中区本牧地区における地域課題の理解促進や、社会関係資本の活用に関するプロジェクトが実施されました。

　参加学生はまず事前講義を受講し、地域の特性や社会資本理論を学びました。その後、地域行事に参加して市民と交流し、地域課題への理解を深めました。最終的には、子どもを中心とした地域住民を対象に、SDGs理解促進のアクティビティを通じた地域交流ブースを学生たちが企画し、「本牧ハワイアンフェスタ」と「中区民まつり」の2つの地域イベントに出展しました。

　「地域創生まじゅんプロジェクト」は、座学やフィールドワークを通じて学んだことを基に、学生ならではの「発想」を生かして地域社会に参加するプロジェクトです。参加者は、実体験に根差した形で地域への理解を深め、市民として地域社会に参加する意義を学びました。

②関内プロジェクト演習（2024年度、ヒューマンフェローシップ寄付講座）

　関東学院大学・関内キャンパスには学食が設置されていないため、安価で栄養バランスの配慮した食事の提供が課題となっていました。そこで、NPO法人ヒューマンフェローシップとの連携講座（寄付講座）として、学生がオリジナルのコッペパンの商品開発をおこなうPBLに取り組みました。

　まずは講義を受講し、価格設定とコスト計算、栄養を考慮した食材の選定、マーケティング戦略などについて学びました。その後、学生チームごとに商品企画をおこない、調理実習を繰り返しながら商品開発とコスト調整をおこないました。試行錯誤を経て開発されたコッペパンのいくつかは、関内キャンパス内で販売される予定です。

　「関内プロジェクト演習」は、キャンパスという身近な空間における課題に対して、社会と連携して「働きかける」プロジェクトです。自分たちに密接に関係する課題を扱うことで、企画立案における現実的な制約ややりがい、そして中長期的な影響を実感することができる取り組みです。

❹「働きかける」プロジェクトの実行準備

　「働きかける」プロジェクトを実行に移すための準備をしましょう。第6章「考える」の最後では「提案検討シート」を作成しました。これをもとに、実際に実行できるように、<u>プロジェクトの具体的な内容と、実行に向けた具体的な手順を決めましょう</u>。次ページにはプロジェクトの概要とゴール、必要なリソース（人員体制、資金、設備・機材、協力者など）を書き出して整理しましょう。

　その次の表は**ガントチャート**です。ガントチャートは、プロジェクト実行のためのタスクを一覧化して、タスク毎のスケジュールを確認するためのツールです。縦軸にタスク、横軸に時間を配置し、各タスクの開始日と終了日を棒状のバーで示して、完了したらチェックします。ガントチャートを作成することで、タスクを完了させるスケジュールと担当者や時期による業務量を把握するとともに、プロジェクト全体の進行状況の管理に利用できます。

WORK ワーク：プロジェクト実行計画の作成

[グループワーク]

　次ページの実行計画シートとガントチャートを使い、具体的な準備をおこないましょう。「プロジェクト概要」や「ゴール」については、すでに作成したものがあれば活用してください。この段階では、プロジェクト期間中に「何を」「どこまで」取り組むのかを確定させ、ゴールに反映してください。

　ガントチャートについては、作成後もこまめにアップデートすることが肝心です。修正や追加ができる文具（鉛筆など）を使って作成してください。なお、自分たちで表計算ソフト（Microsoft Excel など）を使って作成しても構いません。（むしろ、自由にアレンジができるのでお勧めします。）

　いずれの場合も、メンバー全員で同じガントチャートを持つ、あるいは一つのチャートを共有して、お互いに進行状況を確認するようにしましょう。

プロジェクト実行計画シート

プロジェクト名【　　　　　　　　　　　　　　　　　　　　　　　　　　　　　　　】

①プロジェクトの目的（どのようなプロジェクトを、何のために実施するのか）

②概要（実施日、場所、イベント等の構成、正式名称など）

③ゴール （プロジェクトを通じて、何をどこまで達成するのか）

④必要なリソース （必要な人員、資金、設備・機材、協力者など）

（サンプル）ガントチャート　「学生起業フェアの開催（於：南横浜大学）」

タスク	担当者	状況	4月			
			1週目	2	3	4
1. イベント内容の確定					■	■
基調講演（ベンチャー社長）へのオファー	富田	完了			■	■
出演者（学生起業家2名）へのオファー	下落合	進行中			■	■
学生課への共有	高野	完了			■	
イベント会場（大教室、控室）の利用申請（学生課）	代田	完了				■
2. イベント広報						
チラシ作成	高野					
広報課に情宣依頼（公式サイト、SNS）	富田					
SNSでの投稿・拡散	代田					
3. イベント前準備						
当日の進行表の作成	下落合					
司会原稿の作成	富田					
会場設営図を決定→学生課	高野					
当日の進行、集合時間を登壇者に連絡	下落合					
ギフトカード購入	代田					
4. 本番当日						
出演者の案内（ギフトカードも渡す）	下落合					
会場セットアップ・AV機器チェック	高野					
会場受付	代田・富田					
写真撮影、SNS投稿	高野					
5. イベント後						
出演者へのお礼メール	富田					
報告記事を広報課に送る	高野					

	5月				6月				7月			
	1	2	3	4	1	2	3	4	1	2	3	4

第7章　プロジェクトの進め方④　社会に「働きかける」

ガントチャート

プロジェクト名 【　　　　　　　　　　　　　　　　　　　　】

タスク	担当者	状況	月			
			1週目	2	3	4

月				月				月			
1	2	3	4	1	2	3	4	1	2	3	4

❺プロジェクトの実行

　計画が完成したら、あとは実行あるのみです。ガントチャートで進捗状況を確認しながら、チームで定期的にミーティングを開き、協力しながら進めていきましょう。タスクごとに担当者を決めるのは、タスクが誰の手にもつかず、宙ぶらりんになってしまうのを防ぐためです。これは、「誰かに任せっきりにする」ことを意味しません。滞っているタスクがあれば、お互いに声を掛け合って、その都度分担して進めましょう。また、担当に当たった人も、「一人では難しい」と感じたり、「どう進めてよいかわからない」と迷った時には、メンバーにヘルプを求めてください。

　レンシオーニ（Lencioni, 2002=2003）の、組織の機能不全の要因を思い出しましょう。第一の要因は「信頼の欠如」です。「困ったときはお互い様」の気持ちで、メンバー同士で相談し、助け合うことが重要です。また、自分たちだけで乗り越えられない問題が生じた場合は、授業の担当教員やプロジェクトに関係する教職員に相談してみましょう。

　プロジェクト終了後は、関係する方々にお礼を伝えましょう。プロジェクトの結果や成果を共有することで、関わって良かったと思ってもらえるでしょう。また、今後の協力も得やすくなるかもしれません。本章の冒頭で説明した通り、プロジェクトの成功そのものも重要ですが、ともに「働きかける」人々との協働や対話のプロセスが、もっとも大事なのです。

第3部

総　括

編

第8章 プロジェクトを「振り返る」

プロジェクトが終了した後も、PBL はもう少し続きます。皆さんには、最後に三つの仕事が残っています。プロジェクトの振り返り、評価、報告です。ひとつひとつ見ていきましょう。

❶自身の経験の振り返り

まずは、プロジェクトを通した学びを「振り返る」です。ここでは、プロジェクトそのものの成果ではなく、プロジェクトを通じて得た自分自身の経験を振り返ることで、学びを深めることを指します。自身の取り組み方や、感情の変化を振り返ることで、自分自身のことをより深く理解しようとするものです。そして、なぜプロジェクトが「うまくいった（いかなかった）のか」、「このやり方でよかったか」、「どうすれば（もっと）うまくいくか」、「何を身につけなければならないか」、「次に何をおこなうべきか」などを省察（リフレクション）し、次の学習につなげることが、振り返りの目的です。

WORK ワーク　リフレクションシートの作成

[個人ワーク]

次ページのリフレクションシートを使って、プロジェクトを通した経験と、自身の学びを振り返りましょう。具体的な出来事や、その当時に自分が考えていたことを思い出しながら、省察（リフレクション）してみましょう。

氏名

リフレクションシート

1. 下調べや企画の段階で、自身はどのような関わり方をしましたか。
特に貢献したこと、あまり貢献できなかったことなど、自由に記述してください。

2. プロジェクトの準備や実施の段階で、自身はどのような関わり方をしましたか。
特に貢献したこと、あまり貢献できなかったことなど、自由に記述してください。

3. プロジェクト期間を通じて、特に困難だったこと、悩んだことは何でしたか。
そのような状況になった、あるいはそう感じた要因は何でしたか。その時どのように行動しましたか。

4．プロジェクト期間を通じて、特にうまくいったことは何でしたか。
成功に至った要因は何だったと思いますか。

[ ]

5．プロジェクトを通じて、新たに獲得した・向上したと感じる知識やスキルはありますか。
その知識やスキルの獲得のために、特に重要だった経験や出来事はありますか。

[ ]

6．次に同じようなプロジェクトをおこなう場合、改善したい点や挑戦したいことはありますか。

[ ]

❷プロジェクトの評価とフォローアップ

次に、プロジェクトそのものの評価とフォローアップです。当初の目的や目標に対して、どのような成果を得られたでしょうか。これは、プロジェクト期間終了時における目標達成度や効率性、今後の発展性などをみる「終了時評価」と呼ばれるものです。

ここでは、プロジェクトに取り組んだ学生チームによる自己評価をおこなってみましょう。もし可能であれば、連携先の関係者や担当教員による評価もヒアリングし、自己評価との相違について考えてみましょう。

> **WORK ワーク** 　**プロジェクトの終了時評価**
>
> 1．[個人ワーク]
> 　　まずは各自でプロジェクト評価シートを作成してください。各小項目の「評価」は5段階で評価し、数値を記入してください。
> 　　【5＝とてもあてはまる、1＝全くあてはまらない】
>
> 2．[グループワーク]
> 　　完成したら、チーム内で評価シートを共有して結果を比較してください。

なお、社会とつながるプロジェクトの評価は、終了時評価で終わりではありません。特に「働きかける」プロジェクトでは、プロジェクト終了後にも一定の影響をもたらすものがあります。その場合、プロジェクト実施開始から一定期間を経て、定着度や有効性、課題などを検証する「事後評価」も必要です。授業科目のような期間限定の取り組みではそこまでおこなうことは難しいかもしれませんが、是非プロジェクトに関わった一人ひとりが、関与した社会とつながり続ける中で、長期的な事後評価に取り組んでください。

	氏名

プロジェクト評価シート

カテゴリー	評価項目	評価
1. 目的・目標の達成	1.1 プロジェクトの目標を達成できた	
	1.2 計画通りに進行できた	
（評価に関するコメント）		

カテゴリー	評価項目	評価
2. プロジェクトの効率性	2.1 成果に対して、かかった労力や資金は適切だった	
	2.2 チームとして活用できるリソースを最大限活用した	
	2.3 メンバー間の役割分担は適切であった	
（評価に関するコメント）		

カテゴリー	評価項目	評価
3. 社会的なインパクト	3.1 プロジェクトには社会的な意義がある	
	3.2 連携先など、ステークホルダーの満足度が高い	
	3.3 継続性や発展性がある	
（評価に関するコメント）		

❸プロジェクトの成果報告

　多くのPBLでは、関係者への成果発表が最後の締めくくりとなります。発表の形式には、スライドを用いたプレゼンテーション、ポスター、報告書（レポート）、記事、動画などがあります。それぞれ特徴やノウハウがありますが、ここでは、一般的なスライドショーによるプレゼンテーションの準備について説明します。ワークシートを用意していますので、空欄を埋めながら読み進めてください。

①プレゼンテーションの目的

　成果報告の際に一番重要なのは、「誰に向けて」、「何のために」発表するかです。成果報告の主な宛先は誰でしょうか。プロジェクトで関わった人々、授業の担当教員、あるいは、他の大学生や一般の人々でしょうか。観客はどのような点に関心があるのか、皆さんがどのようなメッセージを伝えたいのか、考えてみましょう。

プレゼンテーションの目的

関心	観客は、何のために成果報告を聞きに来るのか。どんなことを期待していると思うか。	
事前知識	観客は、プロジェクトについてどのような知識を持っている人たちか。背景や基本的な概念は、どの程度説明する必要がありそうか。	
メッセージ	発表者は、観客に対してどのようなメッセージを伝えたいか。どのような行動や変化を起こして欲しいか。	

目的が定まったら、プレゼンテーションの骨子をつくりましょう。基本は、序論→本論→結論の流れです。序論では発表の目的やプロジェクトの背景について説明し、観客との目線合わせをおこないます。本論では、実施されたプロジェクトの内容、プロジェクトの成果や評価を説明します。最後に結論では、プロジェクトを通じた発見や残された課題を説明し、観客へのメッセージを伝えましょう。学生としての学びや感想は結論で述べるのが一般的ですが、教員やクラスメイトを対象として発表する場合は、むしろ本論として話す方が適切なこともあります。

　序論、本論、結論の各セクションで話す話題を、アウトラインとして整理してみましょう。各セクションで扱う話題を箇条書きで書き出してください。例えば序論なら、「本発表の流れ」、「本発表の目的」、「プロジェクトの背景」、「プロジェクトの問いと目的」、「チームの自己紹介」などが含まれるはずです。

　アウトラインは、作成するスライドの構成とほぼ同じになります。1項目につき1スライド程度の粒度で考えてみましょう。一般的には1スライドの所要時間は1分程度と言われています。与えられた発表時間が20分であれば、20枚のスライドを目安として準備しましょう。

プレゼンテーションのアウトライン

セクション	アウトライン （各セクションで扱う話題を箇条書きで書く）
序論	
本論	
結論	

②スライド資料を見やすくデザインする

　スライドを作成する際には、とにかく「読みやすさ」と「見やすさ」が大事です。フォントやレイアウトが統一されてない、必要な情報がない、色使いや背景デザインが奇抜、といった特徴があるスライドは読みにくく、観客は気が散ってしまいます。皆さんも「大

事なことを言っているのに頭に入ってこない」授業を受けた経験があるのではないでしょうか。読みにくい、見にくいスライドの例をいくつか挙げてみます。

スライドのなかに異なるフォントが規則なく混じっていたり、
極端にクセのあるフォントが使われていたりすると、肝心なメッセージが頭に入ってきません。

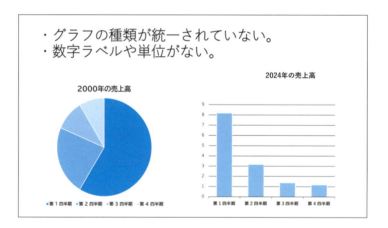

・グラフの種類が統一されていない。
・数字ラベルや単位がない。

スライドのテーマはシンプルな方が見やすい

見やすい資料作成のデザインには法則やコツがあります。スライドを読みやすく、見やすくデザインすることで、受け手の理解が飛躍的に促進されます。そして発表者にとっても、デザインする作業を通して思考や発表の流れが整理されます。

　また、人々の視覚や色覚は多様であり、誰もが不自由なく資料を理解できることを配慮したデザイン（**ユニバーサルデザイン**）で資料を作成することも、発表者には求められます。ユニバーサルデザインの観点からも、フォント、配色、スライド構成の見やすさに配慮する必要があるといえます。

　プレゼンテーションのデザインについては、詳しく説明しているウェブサイトや書籍が多々ありますので、ぜひ自身で調べてみてください。一例を挙げると、高橋・片山（2018）の『伝わるデザイン』（https://tsutawarudesign.com）などがお勧めです。

③リハーサル

　プレゼンテーションが完成したら、必ず練習しましょう。できれば数回。リハーサルをおこなうと、準備段階では気づかなかった問題が出てきます。例えば、スライド上の情報の不足、情報の過多や重複、アニメーションがうまく動かない、といったスライドの作り方に関する問題です。話の流れが不自然、うまく話がつながらない（適切な接続詞がない）、肝心な話題が抜けている、といったプレゼンテーションの構成に関する問題も出てくることでしょう。プレゼンテーションの不備を探すには、リハーサルが最も有効です。

　そして何より、発表を時間通りにまとめ、スムーズに進行し、観客の関心を引きつけるには、何度も練習するしかありません。優先すべきは「時間通り」、「スムーズ」、「関心を引く」の順番です。まずは、用意した内容を極端に急いだり、間延びしたりせずに話せるように練習します。そのうえで、身振り手振りやアイコンタクトを洗練させ、発表の冒頭にアイスブレイクを忍ばせるなどして、発表の質を高めていきましょう。不安であれば、読み上げ原稿を用意しても構いませんが、原稿を凝視しなくても話せるよう、練習を重ねていきましょう。

　最後に、質疑応答の準備です。観客から出そうな質問を予測して準備しましょう。質疑応答は発表に含められなかった情報を補足説明するチャンスでもあります。発表の本番中には説明しきれない情報も、念のためスライドとして用意しておくと、活用できることがあります。

WORK ワーク

プレゼンテーションの相互フィードバック

[グループワーク]

チームメンバー同士でプレゼンテーションのリハーサルをおこないましょう。発表者以外のメンバーは評価者となり、各項目について5段階で評価してください。【5＝とてもよくできていた、1＝できていなかった】

評価者は、なぜそのように評価したのかを発表者に説明してください。発表内容に関する具体的な例を挙げ、敬意を持ちながら、忌憚なく、建設的な批評をおこなってください。

発表者は、評価者からのコメントに基づき、改善について検討してください。

発表者（　　　　　　　　　　　　　　）・　評価者（　　　　　　　　　　　　　　）

評価項目	評価
（本番の）観客に対して適切な内容だった	
スライドは見やすくデザインされていた	
発表の情報量は適切で、内容を十分理解できた	
話すスピードや抑揚は適切だった	
表情、アイコンタクト、身振り手振りが効果的だった	
発表者の熱意やメッセージが伝わった	

- -

発表者（　　　　　　　　　　　　　　）・　評価者（　　　　　　　　　　　　　　）

評価項目	評価
（本番の）観客に対して適切な内容だった	
スライドは見やすくデザインされていた	
発表の情報量は適切で、内容を十分理解できた	
話すスピードや抑揚は適切だった	
表情、アイコンタクト、身振り手振りが効果的だった	
発表者の熱意やメッセージが伝わった	

- -

発表者（　　　　　　　　　　　　　　）・　評価者（　　　　　　　　　　　　　　）

評価項目	評価
（本番の）観客に対して適切な内容だった	
スライドは見やすくデザインされていた	
発表の情報量は適切で、内容を十分理解できた	
話すスピードや抑揚は適切だった	
表情、アイコンタクト、身振り手振りが効果的だった	
発表者の熱意やメッセージが伝わった	

発表者（　　　　　　　　　　　　）・　評価者（　　　　　　　　　　　　　）

評価項目	評価
（本番の）観客に対して適切な内容だった	
スライドは見やすくデザインされていた	
発表の情報量は適切で、内容を十分理解できた	
話すスピードや抑揚は適切だった	
表情、アイコンタクト、身振り手振りが効果的だった	
発表者の熱意やメッセージが伝わった	

発表者（　　　　　　　　　　　　）・　評価者（　　　　　　　　　　　　　）

評価項目	評価
（本番の）観客に対して適切な内容だった	
スライドは見やすくデザインされていた	
発表の情報量は適切で、内容を十分理解できた	
話すスピードや抑揚は適切だった	
表情、アイコンタクト、身振り手振りが効果的だった	
発表者の熱意やメッセージが伝わった	

発表者（　　　　　　　　　　　　）・　評価者（　　　　　　　　　　　　　）

評価項目	評価
（本番の）観客に対して適切な内容だった	
スライドは見やすくデザインされていた	
発表の情報量は適切で、内容を十分理解できた	
話すスピードや抑揚は適切だった	
表情、アイコンタクト、身振り手振りが効果的だった	
発表者の熱意やメッセージが伝わった	

参考文献

第 1 章

Atkinson, J. W. (1957). Motivational Determinants of Risk-Taking Behavior. *Psychological Review*, 64, pp. 359-372.

中央教育審議会, 2005, 『我が国の高等教育の将来像（答申）』文部科学省.

中央教育審議会大学分科会高等教育の在り方に関する特別部会, 2024, 『急速な少子化が進行する中での将来社会を見据えた高等教育の在り方について（中間まとめ）』文部科学省.

Dewey, J. (1910). *How We Think*. D. C. Heath & Co., Publishers.

Dewey, J. (1916). *Democracy and Education: An Introduction to the Philosophy of Education*. The Macmillan Company.

Garcia-Famoso, M. (2005). Problem-based learning: a case study in computer science. *Recent Research Developments in Learning Technologies*, vol. 2, pp. 817 – 821.

Keller, J. M. (2010). *Motivational Design for Learning and Performance: The ARCS Model Approach*. Springer.

Kilpatrick, W. H. (1918). *The Project Method: The Use of the Purposeful Act in the Educative Process*. Teachers College, Columbia University.

Office of Community-Based Learning. (2024, August 31). CBL Collaboration. Washinton & Lee University. https://my.wlu.edu/office-of-community-based-learning/for-community-partners/partnering-with-cbl/cbl-collaboration

第 2 章

Lencioni, P. (2002). *The Five Dysfunctions of a Team: A Leadership Fable*. Jossey-Bass. (＝伊豆原弓訳, 2003, 『あなたのチームは、機能してますか？』翔泳社.)

第 3 章

梶谷真司, 2023, 『問うとはどういうことか：人間的に生きるための思考のレッスン』大和書房.

関東学院大学図書館, 2024, 『関東学院大学　図書館ガイドブック』. https://kgulibrary.kanto-gakuin.ac.jp/userguide/guidebook/

苅谷剛彦, 2002, 『知的複眼思考法』講談社.

堀公俊・加藤彰, 2008, 『ワークショップ・デザイン』日本経済新聞出版社.

Osborn A. F. (1957). *Applied Imagination: Principles and Procedures of Creative Thinking*. Charles Scribner's Sons. (=1958, 上野一郎訳.『独創力を伸ばせ』ダイヤモンド社.)

第 4 章

小柴孝子, 2017, 「不登校発生の背景要因に関する研究—不登校経験者による内省的語りの質的分析—」『家族心理学研究』31 (1), 43-55.

森岡清志編著, 2007, 『ガイドブック社会調査　第 2 版』日本評論社.

盛山和夫, 2004, 『社会調査法入門』有斐閣.

文貞實・山口恵子・小山弘美・山本薫子, 2023, 『社会にひらく社会調査入門』ミネルヴァ書房.

野村康, 2017, 『社会科学の考え方』名古屋大学出版会.

Patton, M. Q. (2015). *Qualitative Research & Evaluation Methods Fourth Edition*. Sage Publishing.

山口富子編著，2023,『インタビュー調査法入門：質的調査実習の工夫と実践』ミネルヴァ書房．

第 5 章

藤原孝章，2017,「海外スタディツアーにおけるルーブリックの作成と活用」子島進・藤原孝章編『大学における海外体験学習への挑戦』ナカニシヤ出版，pp.45-59.

梶丸岳・丹羽朋子・椎野若菜編，2016,『フィールドノート古今東西』古今書院．

佐藤郁哉，1984,『暴走族のエスノグラフィー：モードの叛乱と文化の呪縛』新曜社．

佐藤郁哉，2002,『フィールドワークの技法：問いを育てる，仮説をきたえる』新曜社．

Spradley, J. P. (1980). *Participant Observation*. Thomson Learning.（=2010, 田中美恵子・麻原きよみ監訳『参加観察法入門』医学書院）．

Sunstein, B. S., Chiseri-Streater, E. (2012). *Field working: Reading and writing research*（*Fourth Edition*）. Bedford/St. Martin's.

第 6 章

川喜田二郎，2017,『発想法 改版』中央公論新社．

上野千鶴子，2017,「語りの分析〈すぐに使える〉うえの式質的分析法の実践」一宮茂子・茶園敏美編『生存学研究センター報告』27. https://www.ritsumei-arsvi.org/publication/center_report/publication-center27/

上野千鶴子，2018,『情報生産者になる』筑摩書房．

矢野眞和,2023,『今に生きる学生時代の学びとは—卒業生調査にみる大学教育の効果』玉川大学出版会.

第 7 章

Lencioni, P. (2002). *The Five Dysfunctions of a Team: A Leadership Fable*. Jossey-Bass.（= 伊豆原弓訳，2003,『あなたのチームは、機能してますか？』翔泳社．）

Prahalad, C.K., & Ramaswamy V. (2004). *The Future of Competition: Co-Creating Unique Value with Customers*.（=2013, 有賀裕子訳,『コ・イノベーション経営』東洋経済新報社．）

Rittel, H. W. J., & Webber, M. M. (1973). Dilemmas in a general theory of planning. *Policy Sciences*, 4 (2), 155-169.

第 8 章

高橋佑磨・片山なつ，2018,『伝わるデザイン』https://tsutawarudesign.com

渡部欣忍，2014,『あなたのプレゼン誰も聞いてませんよ！：シンプルに伝える魔法のテクニック』南江堂．

巻末資料

　グループワークを進めるためのツールを二つ、巻末資料として用意しました。ディスカッションが進まない、アイデアがまとまらない、といった際に活用してください。

　①６色ハット法
　②シンキングツール

巻末付録①　6色ハット法

　話し合いをしていると、議論がかみ合わず結論をまとめられなかったり、同じような意見ばかり出てきて議論が深まらなかったりすることがあると思います。そのようなときには、立場や役割を変えて話し合う、ロールプレイング（役割演技）を用いると良いでしょう。自分たちの意見とは関係なく、例えば「賛成」、「反対」などの特定の立場にあえて立ち議論する（演じる）ことで、主観や感情から離れて話し合い、新たな発想を生むことができます。そうしたロールプレイの手法のうち、よく利用されていて比較的導入しやすいものとして、デボノ（Edward de Bono）が開発した「6色ハット法（Six Thinking Hats）」があります（De Bono, 1985）。6色ハット法とは、特定のテーマに関して、以下の6つの視点で考え議論するロールプレイの手法です。

白色：中立的・客観的な立場で議論に参加し、議論では事実やデータを挙げる
赤色：感情的・直感的な役割を担い、議論では賛成・反対、好き嫌いなどを述べる
黒色：批判的・消極的な役割を担い、議論では慎重な立場で懸念や課題などを述べる
黄色：積極的・希望的な役割を担い、議論ではプラス思考で楽観的な意見を述べる
緑色：創造的・革新的な役割を担い、議論ではアイデアを出したり提案をしたりする
青色：分析的・俯瞰的な役割を担い、議論では場を調整して意見を集約する

　6色ハット法を用いた話し合いでは、参加者の一人に議論の開始と終了をコントロールするモデレーターとしての「青色」を割り当て、他の参加者には「青色」以外の帽子を割り当て、議論を行います。「青色」以外の参加者は全員が同じ色が割り当てられることが一般的で、議論では割り当てられた立場から簡潔に意見を述べていきます。割り当てる色の順番は、白・赤・黒・黄・緑であることが一般的ですが、議論の状況によっては、順番が変更されることもあります。また、議論の状況によって、話す時間を短くしたり、長くしたりすることもあります。

参考文献

De Bono, E. (1985). *Six Thinking Hats*. Penguin Books.

巻末資料②　シンキングツール

　話し合いをしていると、感情的な議論になったり、どのように結論をまとめるのかが分からなくなったりすることがあると思います。そこで、感情的な対立を避け、客観的な判断を導くために、議論を「可視化」すると良いと思います。議論を「可視化」することで、主観を離れた客観的な基準で議論の方向性や結論を判断することでき、また、参加者全員で議論のプロセスを共有することができます。議論を「可視化」するツールとして、シンキングツールまたはグラフィックオーガナイザーと呼ばれる、思考を図示した図が用いられます。

　シンキングツールは、「学習者が学習し、身に付けたことを思考に応じた表現形式で表象することを可能とする」ツールと定義され（Rosen & Tager, 2013）、ベン図、四象限図、Xチャートなど、思考や感情の枠組みを可視化した図の総称です。例えば東京とローマの食文化を「比較」するのであれば、図1のような「ベン図」を用いることができますし、交通手段を「利便性」と「二酸化炭素排出量」の2つの基準から「分類」するのであれば、図2のような「四象限図」を用いることができます。シンキングツールの表現形式は、考えや思い、情報をどのよう表したり、分類したりすればよいのかを直観的に把握する手がかりとなります。また、頭の中にある考えを書き出したり、分類したりすることで、思考を客観視し、整理する手立てにもなります。

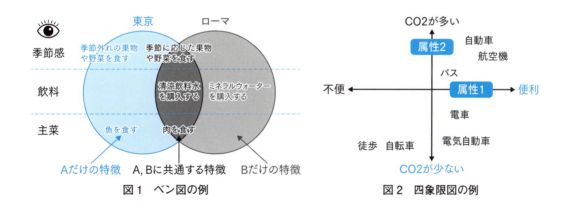

図1　ベン図の例　　　　　図2　四象限図の例

引用文献

Y. Rosen, & M. Tager. (2013). *Evidence-Centered Concept Map as a Thinking Tool in Critical Thinking Computer-based Assessment: Research Report*. Pearson.

著者略歴

高木　航平（たかぎ　こうへい）
関東学院大学高等教育研究・開発センター准教授。大学職員等を経て、2024年より現職。徳島県生まれ。香港大学教育学研究科修士課程、東京大学大学院教育学研究科博士課程単位取得退学。博士（教育学）。
専門分野は、高等教育論。

吉田　広毅（よしだ　ひろき）
関東学院大学国際文化学部教授。常葉大学専任講師、准教授、教授を経て、現職。奈良県生まれ。国際基督教大学大学院教育学研究科博士前期課程を修了。
専門分野は、視聴覚教育、協調学習。
著書に『【四訂版】教育の方法と技術』（図書文化社、2023年）、『生涯学習支援論ハンドブック』（国立教育政策研究所社会教育実践研究センター、2020年）、『最新ICTを活用した私の外国語学習』（丸善プラネット、2014）など。

社会とつながるプロジェクト型学習ワークブック
2025年3月10日　第1刷発行

著　者	高　木　航　平
	吉　田　広　毅
発行者	関東学院大学出版会
	代表者　小　山　嚴　也
	236-8501　横浜市金沢区六浦東一丁目50番1号
	電話・(045)786-5906／FAX・(045)786-7840
発売所	丸善出版株式会社
	101-0051　東京都千代田区神田神保町二丁目17番
	電話・(03)3512-3256／FAX・(03)3512-3270

編集校正協力・細田哲史（明誠書林合同社）
印刷／製本・藤原印刷株式会社

©2025 Kohei Takagi, Hiroki Yoshida
ISBN 978-4-901734-93-6　C0037　　　　　　　　　Printed in Japan